共鑒「五四」

——與李澤厚、李歐梵等共論「五四」

U0108489

劉再復　著

責任編輯　舒　非

美術設計　鍾文君

書　　名　**共鑒「五四」**——與李澤厚、李歐梵等共論「五四」

著　　者　劉再復

出　　版　三聯書店（香港）有限公司

　　　　　香港鰂魚涌英皇道1065號1304室

　　　　　JOINT PUBLISHING (H.K.) CO., LTD.

　　　　　Rm.1304, 1065 King's Road, Quarry Bay, Hong Kong

香港發行　香港聯合書刊物流有限公司

　　　　　香港新界大埔汀麗路36號3字樓

印　　刷　深圳市恆特美印刷有限公司

　　　　　深圳市寶安區龍華民治橫嶺村恆特美印刷工業園

版　　次　2009年6月香港第一版第一次印刷

規　　格　特16開（150mm×228mm）176面

國際書號　ISBN 978 . 962 . 04 . 2100 . 6

"五四" 五說（代序）

李澤厚　　劉再復

一　"五四" 了不起

劉再復（下稱劉）：今年是"五四"新文化運動九十周年，香港三聯約我一本書，我就把這兩年發表的有關於"五四"的訪談、對話、文章匯為集子，也藉此更加明快地表述一下自己對"五四"啟蒙運動的思想。此集您如果能作序言就好了，可惜您已封筆，只好作罷。不過，今天我還是想再聽聽您對於"五四"有沒有新的想法。在《中國現代思想史論》和《告別革命》中，您已作過充分論述。十幾年、二十幾年過去了，語境變了，不知道您有無修正或補正。

李澤厚（下稱李）：我讀了你最近發表在《書屋》的文章和訪談，寫得很好。我對"五四"的看法沒有改變。在詆毀"五四"、盛行尊孔成為時尚的今天，我更頑固地堅持原有的看法。"五四"了不起。胡適、陳獨秀、魯迅之大功不可沒。

劉："五四"了不起，您的態度一直很鮮明。我雖然談論"五四"的缺陷，但也充分肯定其歷史功勳。白話試驗，文字奉還，個性呼喚，發現傳統資源不足以應付現代化的挑戰和理性邏輯文化的闕如等，都是功不可沒。

李：談論中國近現代史，特別是近現代思想史，前不可能繞過康、梁、嚴，後不可能繞過陳、胡、魯。他們是重要的文化歷史存在。可以不講陳寅恪、錢鍾書，但不可不講魯迅、胡適。

劉：陳、魯、胡作為 “五四” 新文化運動的旗手，其思想代表了一個時代並輻射了幾代人。康梁那個時代講的新國民，着眼點還是 “群”，陳獨秀、魯迅、胡適卻破除 “國家偶像”，着眼點是 “己”，突出的是個人。所以我説康梁時代是 “民族—國家” 意識的覺醒，“五四” 則是 “人—個體” 意識的覺醒。之後還有 “階級” 意識的覺醒。三者形成中國近代思想史的主流。

李：“五四” 時期各種思潮聚匯，當時的無政府主義思潮就很盛行。“五四” 突出個人，張揚個性。可惜後來 “個性” 又被消滅了。“五四” 的了不起，在於它的主題鮮明，擊中要害，中國缺的正是個性和個體獨立的精神與品格。

劉：這個問題至今也沒有解決。在中國，支撐個人獨立不移的品格真不容易。我喜歡用 “個體靈魂主權” 一詞來表述。覺得康梁時代關注的重心是國家主權和相應的社會制度合理性問題，而 “五四” 關注的重心則是個人靈魂的主權。反對奴性，反對國家偶像，反對族群偶像孔夫子，都是在呼喚靈魂的主權。

二 反孔也了不起

李：“五四” 批判孔家店不同於文革的批孔，兩者實質內容恰好相反。漢代 “獨尊儒術” 以來，唐、宋、元、明、清都尊孔。其中的確有維護封建專制統治的方面。康有為的變法改制還必須打着孔子的旗號，可見走向現代化，行步維艱。直到五四才直接挑戰孔子，結束兩千年一貫的尊孔歷史。文革時的批孔恰好是維護專制統治。第一幕是了不起的悲劇，第二幕是可笑的鬧劇。

劉： 第一幕中孔子雖然擔荷中國文化負面的全部歷史罪惡，但批判的畢竟不是孔子儒家的原典，而是被宋儒明儒和後人改造過的變形的孔夫子。從這一意義上說，"五四"的批孔，反而去敝存真，揚棄了真孔子的覆蓋層，使孔子的原典學說具備恢復本來面目的可能。您寫《論語今讀》，不就得益於"五四"的批判，直面沒有被遮蔽、被改造的孔子嗎？文革第二幕，我們親自經歷過，那確實是相反，狠批的是孔子原典和孔子本人，把孔子說成是"巧偽人"，把《論語》一段一段宰割，而把"五四"批掉的"忠"字舉得高入雲天，愈批愈走遠，不僅離孔子原典愈遠，也離五四的現代精神尤其是科學民主精神愈遠。去年我應《金融時報》張力奮兄的邀請，寫了《誰是最可憐的人》，認為孔子最可憐，因為他被隨便揉捏，隨便解釋。其次孔子的儒家原典具有很高的倫理價值、教育價值，甚至有很高的哲學價值。正如您在《論語今讀》中所評價的那樣，孔子把人的地位提得很高，確實是具有原創性的思想體系。但是孔子學說後來被改造成為帝王服務的典章制度和意識形態以及"三從四德"等一套行為模式，就變得面目可憎了。"五四"攻擊的實際上是變形變質了的孔夫子。您在《波齋新說》裡首次把儒分為表層結構與深層結構，對我很有啟發，《紅樓夢》作為異端之書，它反叛的是儒家的道統即典章制度和意識形態，但是對您所說的"情本體"這種深層內涵，卻極為尊重，所以賈寶玉在意識形態層面上是個逆子，但在倫理情感層面上卻仍然是個"孝子"。

李： 你的《誰是最可憐的人》，寫得很生動。對孔子的尊敬，不是讓孔子去媚俗。記得李大釗等當年也說過,他們批判的孔子,是宋明道學家塑造過的孔子。其實只有批判掉這個孔子,才能恢復原典儒家的孔子,只有批判"存天理滅人欲"、尊重心性修養的孔子,才能恢復重視情感、重視物質生命、重視人民現實生活的孔子。"五四"反對的是在孔子名義下的君臣秩序、父子秩序、夫妻秩序以及所延長的婦女"節烈"觀,(連僻遠的山區如張家界也可以看到貞節牌坊),如此等等,這一套確實非常不符合於現代社會的生存發展。是"五四"發出第一聲強烈的抗議吶喊。

劉:魯迅所憎惡的"二十四孝圖",什麼郭巨埋兒,曹娥投江等等,每樣行為語言,都是在孔子孝道名義下吃人、吃孩子、吃婦女。批判這種變態的孔夫子,也屬天經地義,九十年過去,中國人再也不必去充當悲慘可憐的孝子節婦了,這要感謝"五四"的先人先賢。可是,這幾年,孔夫子恢復名義之後,又有一些知識人要把老師當父親,行拜祭大禮,不知又要把孔子揉捏成什麼樣子?

三　最缺的還是"德賽"兩先生

李:十多年前我寫《論語今讀》,返回孔子。現在尊孔成了時髦,我就不再談了。因為講孔子成了掩蓋更重要更必須的東西的手段。中國現在最需要的還是"五四"推出來的兩先生:"德"先生與"賽"先生,我高度評價孔子,但反對以尊孔的潮流來掩蓋現代文明所要的科學與民主。對於傳統,林毓生講"創造性轉化",我講"轉化性創造"。孔子是我們的重要資源,但不能代替我們的現代創造。

劉:"五四"的大思路是用西方的理念來批判中國傳統,以實現傳統的西化，但其致命的弱點是缺少自身的理論創造。您的命題實際上是要開掘傳統資源，打通中西文化血脈，實現自己的建設性創造。重心是建構，不是解構。後現代主義思潮以解構西方形而上體系為目標，否定西方啟蒙理性，這種主義形成了時尚。我覺得，科學與民主正是西方啟蒙運動的兩大基本成果，"五四"把它"拿來"，是拿對了。二十世紀的西方，科學技術的發展取得巨大成就，但科學理性卻朝着"工具理性"傾斜，忽視了"價值理性"，即忽視了"真善美"這些基本價值。學校教育也以培養"生存技能"（屬工具理性範疇）為第一目的，未能以提高"生命質量"為第一目的。中國也正在向西方看齊。在這種歷史場合中，孔子的教育思想（把"學為人"作為第一目的）和倫理思想倒是值得我們特別重視，但不能照搬，特別不能讓變形的孔夫子捲土重來。確實如您所講，要完成轉化性創造，要吸收西方理性文化的巨大成果，建設具有中國色彩的科學民主系統，如您所説的要走自己的路。

李：走自己的路，我一直強調這一點。八年前在香港城市大學的校長沙龍裡，我講的內容就是中國要走自己的路。其實八十年代我就講過。各國國家的傳統、資源、內外部條件、文化心理差別很大，怎麼可能走一樣的路？

四 告別"新啟蒙"

劉：八八年王元化先生和劉曉波又提"新啟蒙"的口號，第一次在北京聚會，邀我參加，我謝絕了。這原因是儘管我充分肯定"五四"啟蒙運動的功勳，但覺得時代不同了。現在的問題不在於民主啟蒙，而在於如何把民主理念落實到制度上。例如民主形式如何確立就是個大問題，不用說國家，就是一個學術會議，民主形式（制度）也不是一件容易的事。

李：時代不同，課題也不同。當時我是不欣賞、不參與他們的"新啟蒙"的。因為我認為八十年代後期直到今天，主要的問題已不是啟蒙，而是如何改良和改革制度。建立新的制度，比空喊啟蒙更迫切、更重要，也更艱難，更需要研究討論。即使思想文化層面説，也不能停留在啟蒙水平。八十年代我用"提倡啟蒙、超越啟蒙"八個字來概括魯迅，現在看來，似乎仍然沒錯，只是我説得比較簡單粗略。魯迅比其他啟蒙者更深刻的地方是超越了啟蒙，思考人的存在意義。不只是着眼於喚醒民眾，而是展示個人孤獨存在的內心。你是搞文學的，對這一點的了解和體會一定更深切。

劉：在中國現代文學史上，抒寫孤獨的內心，叩問存在的意義，在現代社會潮流面前充滿不安感和動盪感，魯迅可以説是唯一的例子。他的《野草》，其深刻性就在這裡。中國現代散文能抵達這樣的精神深淵，真是奇跡。魯迅完成了超越之後，晚年受國際左翼思潮的影響，又熱烈擁抱社會是非，返回救亡。一是超越啟蒙；二是返回救亡，這是魯迅精神之旅的兩大現象。真正的思想者個體是很豐富的，其生命的曲線與多彩也很正常。但我們現在既不能返回啟蒙，也無需返回救亡。您的"救亡與啟蒙的雙重變奏"已屬於過去。不過，回顧九十年，覺得還是魯迅最深邃，最偉大。前些時，魯迅博物館研究員姜異新博士訪問我，提出幾個很有意思的問題，其中有一個對"五四"新文學諸主將的評價問題，我也説，魯迅確實無人可比。胡適開風氣之先，功勞很大，但思想不如魯迅深刻，新文體的創造也不如魯迅傑出。不過他是個學問家，不能要求他像魯迅那樣進入深邃的內心。周作人極為勤奮，"五四"時是人文主義旗幟的旗手，但其創作，有知識性卻無思想深度與思想力度，比魯迅差遠了。後來他在北方"談龍說虎"，完全沒有現代感。

五 "五四"新文化諸子評說

李：魯迅一直是我最崇敬的人物。我是頑固的挺魯派，從初中到今日，始終如此。我最近特別高興讀到一些極不相同的人如吳冠中、周汝昌、徐梵澄、顧隨等都從不同方面認同魯迅而不認同周作人、胡適。這些人都是認真的知識分子、藝術家和學問家，並非左翼作家和激進派，卻都崇尚魯迅，魯迅不僅思想好，人品好，文章也最好。一些人極力拔高周作人、張愛玲等人，用以壓倒或貶低魯迅，用文學技巧來壓倒思想內容。學界也流行以"知識"、"學問"來壓倒和貶低思想。其實，嚴復當年就說過，中國學人崇博雅，"誇多識"；而西方學人重見解，"尚新知"。愛因斯坦的新知、見解，難道不勝過一座圖書館嗎？

劉：嚴復的話真是擊中要害。十年前我寫過一篇文章，就說現在學界是學術的姿態壓倒學術的真誠，即壓倒追求真理的熱情，也用知識掩蓋思想的貧血症。許多人讀了《告別革命》，發現您對周作人、郭沫若、老舍的尖銳批評，感到很震驚。周作人身上太多中國舊文人的習氣，最後越過中國族群的道德底線，當了漢奸，真是個大悲劇。您對胡適評價也一直不高。

李：胡適和周作人不同。胡的作風很好，有成就而仍然寬容、謙和，其自由主義思想、風格，在中國至今仍有重要價值。但他的思想確實不如魯迅深刻，例如說中國的問題是"五鬼鬧中華"，未免太淺了。周作人散文中是有些小知識，但不是大知識。錢鍾書才可以算大知識、大學問。他的學問甚至可以説"前無古人，後無來者"。但也無須來者了。可惜，他在可開掘思想的關鍵之處，卻未能深"錐"下去。這可舉的例子很多，就拿《管錐編增訂》（1982年9月第一版）的第一篇來説，你讀讀這下半段：

《詩·文王》以"無聲無臭"形容"上天之載"之旨，亦《老子》反復所言"玄德"（第一〇、五一、六五章；參觀一五章："古之善為道者，微妙玄通，深不可識"），王弼註謂"不知其主，出乎幽冥"者也（參觀第一八章註："行術用明，……趣覩形見，物知避之"；三六章註："器不可覩，而物各得其所，則國之利器也"；四九章註："害之大也，莫大於用其明矣。……無所察焉，百姓何避？"）。尊嚴上帝，屏息潛蹤，靜如鼠子，動若偷兒，用意蓋同申、韓、鬼谷輩侈陳"聖人之道陰，在隱與匿"、"聖人貴夜行"耳（參觀256-8頁）。《韓非子·八經》曰："故明主之行制也天，其用人也鬼"，舊註謂如天之"不可測"，如鬼之"陰密"。《老子》第四一章稱"道"曰："建德若偷"（參觀嚴遵《道德指歸論·上士聞道篇》："建德若偷，無所不成"，王弼註："偷、匹也"，義不可通，校改紛如，都未厭心，竊以為"匹"乃"匿"之訛。"偷"如《莊子·漁父》"偷拔其所欲謂之險"之"偷"，宜穎註："潛引人心中之欲。"《出曜經》卷一五《利養品》下稱"息心"得"智慧解脫"曰："如鼠藏穴，潛隱習教。"夫證道得解，而曰"若偷""如鼠"，殆類"孤寡不穀，而王公以為稱。"（第四二章，又三九章）歟。

　　多精彩。這段話把中國的"聖王"秘訣，他們最重要的手段和技巧是什麼，全揭開了，講到了關鍵。如果繼續開掘下去，以錢鍾書的學識本領，極易將帝王術各個方面的統治方略全盤托出而發人深省，可惜卻戛然而止，轉述其他。

劉：真是如此。這一則，上半段談上帝，我們把它省略了。僅此下半段讀起來就夠讓人驚心動魄的。中國的聖人之道在"隱與匿"，帝王之術，如鼠藏穴，如鬼潛蹤，但都打着深不可測的天意。中國的智慧在天子與聖人處如此變質，真是匪夷所思。錢先生的著作是個大礦藏，他用全部生命建構礦山，把開掘的使命留給後人。在可開掘思想的關鍵之處深錐下去，這倒是您這個思想家的特長。〇二年我讀您的《歷史本體論》，一打開書頁，第一節就講"度"的本體性。什麼是度？度就是"掌握分寸，恰到好處"。您説度的本體（由人類感性實踐活動所產生）之所以大於理性，正在於它有某種不可規定性、不可預計性。而歷史本體就建立在這個動態的永不停頓地前往着的"度"的實現中，它是"以美啟真"的"神秘"的人類學的生命力量，也是"天人合一"新解釋的奧秘所在。您在其他文章也多次講"度"，把度與中國的中道哲學、和諧哲學聯繫起來思索。每次想起您這個"度"字，就想到錢先生的"幾"字。他在《管錐編》第一冊《周易正義》第十九則（擊辭（三）：知幾）中就有"幾"意的上百則例證與匯註，其知識密度真是驚人。所謂幾就是"動之微，吉之先見者也。"也就是臨界點、分寸感，也就是您講的預計和度。錢先生的功夫是把古今中外（包括詩詞）有關"幾"字的應用、疏解都"一網打盡"，可是他卻未能抓住"幾"字作出您的"歷史本體論"的大文章，今天我很有收穫，可把錢先生和您聯繫起來思索了。

李：可談的真是太多。所以我說周作人的知識性散文，連學問也談不上，只是"雅趣"而已。

劉：我贊成您對錢鍾書先生的評價。他不是思想家，但其學問確實是"前無古人，後無來者"。您說的對，前人博識者雖有，如紀曉嵐，但不懂外文，書中不可能融會中西學識。而後人外語是強了，但要像錢先生擁有如此深厚的古典底蘊，恐怕是不可能了。有人批評《管錐編》"散錢失串"，不無道理，因為它無理論中軸，缺少體系構架，但這也帶來一個長處，就是不把自己的豐富精神寶藏封閉在若干大概念的符號系統中，即不會因為體系的邏輯需要而刪除寶庫的多彩多姿。與錢先生相比，周作人的知識格局確實顯得小。但周作人畢竟是文學家，其文學的閒情逸趣，也給社會上的一部分讀者得到審美愉悅。他的自然淡雅情調影響了一些作家，如俞平伯、廢名等，其品書抄摘功夫也影響了後來的散文寫作。您的審美尺度，似更重視文學須給人以力量。

李：也不僅如此。審美，鑒賞作家作品，不是一件容易的事，它是多種因素的綜合判斷。我在《美學四講》裡講文學有情感、理解、想像、感知諸因素，每一種要素又可再分解。但文學之厲害，倒確實是思想化作情感力量去打動人，魯迅就有這種力量。

劉：剛才您講幾個與魯迅風格全然不同的學者藝術家，對魯迅均心悦誠服，其中除了顧隨我感到陌生之外，其他人確實衷心敬愛魯迅。吳冠中先生這樣一個很有成就的畫家，竟然説出"一百個齊白石也不如一個魯迅"的話。您對齊白石也挺喜歡，曾讚揚他是"地地道道根底深厚的中國意味、中國風韻"，他是民族的，又不保守。可是您也認同吳冠中的絕對性評價。徐梵澄就在您們哲學所，我在社科院二十七年，有幾件遺憾事，其中一件是未曾拜訪過徐先生。因為在國內時我對佛教、禪宗和印度文化的興趣沒有現在這麼濃厚。他在印度深造、鑽研四十多年，翻譯了《奧義書》和《神聖人生論》，對印度文化特別是印度宗教真有研究。回國後他唯一崇敬的就是個魯迅。儘管這與他在青年時代見過魯迅並受魯迅之託翻譯尼采的緣份有關。《徐梵澄文集》的編者曾對他的人生作了這樣的總結（也許就是他的自白）：梵澄由翻譯尼采而進之於介紹室利阿羅頻多，又從研究印度古代文明之寶典回歸於闡揚中國傳統文化之菁華，此一精神企向圓成之軌跡，端的是沿着魯迅"立人"、"改造國民性"的文化理想邁進的。後來他又寫了《星花舊影》和《略説"雜文"和"野草"》等文紀念魯迅，文中説："先生（指魯迅）對國家民族以及世界人類貢獻之偉大，誠也不可磨滅，不朽。"（《徐梵澄文集》第四卷第397頁，上海三聯分店、華東師範大學出版社）這是一個老實人説的老實話，魯迅真的是不滅不朽。

李：我知道他從印度回來後在哲學所，可是我也一直未見過他。他埋頭梵文經典，可是對魯迅卻如此景仰。周汝昌的《紅樓夢新證》是我喜歡讀的書,我比較相信他説的。他對魯迅的評價也很高。儘管他在年青時受到胡適的幫助,感激胡適,但他説魯迅對《紅樓夢》的見解比胡適深刻。

劉:"五四"之後的新文學作家,也沒人能趕上魯迅。香港嶺南大學召開張愛玲學術討論會,我發表了不同的聲音,認為張是個"夭折的天才",其成就無法與魯迅相比。當時很多人不高興,但您支持我。

李:把張愛玲説成比魯迅更高,實在過份。藝術鑒賞涉及到審美對象諸多因素的把握和綜合性的"判斷",不能只看文字技巧。張愛玲學《紅樓夢》的細緻功夫的確不錯,但其境界、精神、美學含量等等,與魯迅相去太遠了。要論文字,陀思妥耶夫斯基恐怕不如屠格涅夫,但他的思想力度所推動的整體文學藝術水平卻遠非屠格涅夫可比。陀思妥耶夫斯基的偉大正在於他那種叩問靈魂、震撼人心的巨大思想情感力量。

劉:我們以往的文學批評強調政治標準,弄得不知何為文學,現在也不可過份強調文字技巧而忽略文學的精神內涵。一是精神內涵,二是審美形式,兩者缺一不可。法國古典主義玩賞"三一律",把文學技巧推向極致,但最終創造不了第一流的好文學。

二○○九年三月十八日

於美國

目　錄

第一篇

"五四"新文化運動批評提綱

一 重心明確但理論準備不足

鴉片戰爭特別是甲午戰爭之後，中國經歷了三大意識的覺醒，即“民族—國家”意識的覺醒，“人—個體”意識的覺醒，以及“階級”意識的覺醒。

“五四”新文化運動是“人—個體”意識的覺醒。作為一場偉大的啟蒙運動，其主將陳獨秀、胡適、魯迅、周作人和其他一些思想者及作家，大聲吶喊，想要喚醒在鐵屋中沉睡的中國人的兩個要點：第一，人是人，人不是奴隸，更不是牛馬，這是人道主義的呼喚。第二，人是個體存在物，不是國群的附屬物，也不是家族的附屬物，這是個人主義的呼喚。二者強調的重心不同。

人道主義關心的是老百姓的吃飯問題、生存問題，個人主義關心的是個體獨立、生命自由的問題。如果把“五四”新文化運動放在從鴉片戰爭直至今天的將近一百七十年近現代歷史上看，那麼，可以說，“五四”新文化運動的特點，是肯定個人，突出個人。因此，運動的中心旗幟是易卜生，是尼采，而不是托爾斯泰，不是馬克思，儘管也有後兩者的影響。在運動中，各種思潮並置，既有人文主義思潮，也有民粹主義思潮、無政府主義思潮，但都肯定個人，突出個人，都排斥抨擊“國家”、“民族”、“家族”等神聖的價值單位，所以才出現陳獨秀的國家《偶像破壞論》、周作人的《新文學的要求》、郁達夫的《藝術與國家》等文章，不約而同地把“國家”、“民族”、“家族”等作為“個人”範疇的對立項。

“五四”其歷史槓桿的作用，是把梁啟超、嚴復等近代思想家的以“國”、“群”為目的為核心的價值觀，拉向以個體生命即以

"己"、"我"為目的為核心的價值觀。當時胡適介紹易卜生的劇本
《國民公敵》（劇中主人公為斯鐸曼醫生），其主旨正是說，個體獨
立的思想是最為重要的，為了堅持個人的尊嚴和個人發現的真理，可
以不惜成為"國民公敵"（參見胡適的《易卜生主義》，發表於1921
年4月26日）。"五四"這一價值核心與思想前提的轉變，是劃時代
的轉變。有了這一轉變，中國知識分子才醒悟到一個最根本的生命真
理：個人不是工具王國的成員（即不是群、族、國的工具），而是目
的王國的成員（即人本身就是目的），因此，個人獨立之精神、自由
之思想，屬天經地義。

　　強調人（人道主義）與強調個體（個人主義），其價值內涵
是不同的。這一點使"五四"的新文化先驅者常常陷入困境。魯迅
說："其實，我的意見原也一時不容易了然，因為其中本含有許多矛
盾，教我自己說，或者是人道主義與個人主義這兩種思想的消長起
伏吧。"（《兩地書·二四》）魯迅身上人道主義與個人主義的矛
盾，也是現代先進知識分子兩種思想的矛盾。這不僅是選擇托爾斯泰
還是尼采的矛盾，而且是選擇了尼采作為旗幟之後闡釋尼采的矛盾。
例如，他們宣揚尼采，但尼采本身是個極端的貴族主義者，極端蔑視
"下等人"——"五四"文化改革者最關心的底層大眾，這就與人道
主義完全背道而馳；可是，尼采的反奴才思想又有利於個體靈魂站立
起來，於是，"五四"思想者在談論尼采時，本身就陷入矛盾。今
天，在"五四"運動後近一百年，可以非常明確地說，人道主義是永
恒的真理，但是，如果人道主義不落實到對個人生命、個人尊嚴、個
人獨立權利，尤其是思想權利的充分尊重，那就會變成一句空話。因

此，"五四"的個體覺醒，其意義就非常重大。

　　可惜，"五四"對個體價值的發現與肯定，缺乏足夠的理論準備，胡適在闡釋易卜生的個人主義時，曾提醒張揚個性需要並行的兩個條件，第一是使個人有自由意志，第二是使個人"擔干係"，即對社會負責，兩者皆備，才是健全的個人主義（參見《易卜生主義》第六節）。這無疑是很正確的，但當時的思想界，普遍沒有分清真假個人主義（如海耶克所言），也沒有分清洛克、休謨、亞當·斯密、柏克的英國式個人主義（強調自由）和盧梭、伏爾泰等的法國式個人主義（強調平等），不注意個體經濟這一人的生長前提與生存土壤，也很少有個人與社會、自由與平等、權利與義務、個體主體性與個體主體際性等兩者關係的深度哲學探討。中國多數知識分子接受盧梭的原子式個人主義、平等思想和尼采無限膨脹的"超人"個人主義。可是，這種浪漫的、只有情緒而沒有理性的個人主義，在現實問題面前無法解釋個體存在價值的合理性，更得不到社會的理解和支持，於是，便發生"夢醒後無路可走"的悲劇，吶喊一陣便偃旗息鼓，很快地從提倡走向沉默，然後又走向破滅。

　　至今還令人困惑的是，扮演新文化運動先鋒角色的新文學運動，對於兩個天才的德語作家——尼采與卡夫卡，只知前者，不知後者。卡夫卡一直沒有進入中國現代作家的視野，相應的，其荒誕意識和荒誕寫作方式也未能進入中國。而對於視野之內的尼采，又缺少批判，尤其是對尼采的"超人"理念對於文學藝術的負面影響，更是缺乏批判。直到一九九九年，才聽見高行健明確的批判聲音："尼采宣告的那個超人，給二十世紀的藝術留下了深深的烙印。藝術家一旦自認為超人，便開始發瘋，那無限膨脹的自我變成了盲目失控的暴力，藝術的革命家大抵就是這樣來的……尼采自塑的一個無限自戀的超人的形象，對脆弱的藝術家來說是個假象，否定傳統的一切價值，最終也同樣導致對自我的否定。"[1]

二 "批孔"的合理性與浪漫性

"五四"新文化運動除了以鮮明的旗幟喚醒"人—個體"意識從而具有巨大的歷史功勳之外，還有兩項基本發現，具有歷史的合理性：第一，發現中國傳統文化資源不足以應付人類社會現代化潮流的挑戰；第二，發現中國大文化系統中缺少西方理性文化與邏輯文化。

以上兩點，一是"不足"，二是"闕如"，兩者都是事實。這兩大發現，便構成新文化運動的基本精神內容。而作為大規模的社會運動，為了便於啟蒙，前者便被簡化為"打倒孔家店"，孔子孔先生成了中國傳統文化負面部分的"總代表"。資源不足的發現，導致歷史罪人的發現，孔夫子成了擔荷吃人文化全部罪惡的歷史罪人，從而經受了一次歷史性的聲討與清算。孔子是二十世紀最可憐的人，他在"五四"作為歷史罪人，承擔歷史罪惡；到了上世紀七十年代中期，又變成和現行反革命集團頭目並列的現實罪人，承擔現實罪惡。

"五四"啟蒙者揭示中國傳統文化特別是儒家文化的"世間法"（如三綱五常、愚忠愚孝、宗法統治、婦女節烈，以及非禮勿視、非

---

[1] （法）高行健：《另一種美學》，轉引自《文學的理由》，香港明報出版社1999年版，第104頁。

禮勿聽、非禮勿動等世俗規範）的陳腐與落後，無疑是非常正確的。如果沒有"五四"文化思想者的吶喊與衝擊，我們今天可能還要生活在君君臣臣父父子子的跪拜中，可能還要呼吸滿口奴才滿口"在下"的臭氣，甚至可能還會以殺子埋兒的郭巨（《二十四孝圖》的孝子）、殺妾效忠的張巡為自己的偉大榜樣。有了"五四"新文化為坐標與參照系，中國的專制統治，其寶座就不那麼符合天理了。一切專制制度都建立在"非個人"的理念上（孔夫子及後來的儒家行為模式有一部分確實排斥個人），"五四"張揚個性，肯定個體，專制者的日子自然就沒有以往那麼自在了。

　　但是，我們也要鄭重地說，"五四"啟蒙者對待孔子儒學缺乏理性，在相當大的程度上帶有文化浪漫氣息。其缺少理性，一是沒有區分儒家原典和儒家世間法（制度模式、行為模式）；二是沒有區分儒家的表層結構（典章制度和意識形態）和深層結構（情感態度等）。儒家原典既包括《論語》、《孟子》（第一原典），也包括朱熹和王陽明等儒家哲學典籍（第二原典），這是中國的偉大思想存在。關於儒家的表層、深層之分，李澤厚先生在《初擬儒學深層結構說》（1999年）中說得很清楚。他說："……所謂儒家的'表層'的結構，指的便是孔門學說和自秦漢以來的儒家政教體系、典章制度、倫理綱常、生活秩序、意識形態等等。它表現為社會文化現象，基本是一種理性形態的價值結構或知識／權力系統。所謂'深層'結構，則是'百姓用而不知'的生活態度、思想定勢、情感取向；它並不能純是理性的，而毋寧是一種包含着情緒、慾望，卻與理性相交繞糾纏的複合物，是慾望、情感與理性（理智）處在某種結構的複雜關係中。它不止是由理性、理智去控制、主宰、引導、支配情慾，如希臘哲學所主張；而更重要的是所謂'理'中有'情'，'情'中有'理'及理性、理智與情感的交融、貫通、統一。我以為，這就是由儒學所建造的中國文化心理結構的重要特徵之一。它不止是一種理論學說，而已成為實踐的現實存在。"[2]可惜，在"五四"時代，新文化先驅者們還沒有如此清晰的理念。至於儒家原典與儒家世間法的區分，那就更不明晰。

　　儒家原典確認現世世界是唯一實在的世界，人是這個世界的唯一創造者。幸福不在明日的天堂（不同於基督教），也不在於精神的解脫（不同於佛教與老莊），而在於此生此世自強不息的奮鬥中。認定只有一個此岸世界，認定只能仰仗自己的肩膀而不仰仗上帝的肩膀，這就把人的地位提得很高，甚至提到可以"天人合一"的高度。人類的艱難生存實踐終究無法離開這一哲學的合理內容；這一哲學基點加上儒家把情感提高到歷史本體的地位，從而推導出人際的溫馨和家庭的溫馨，這便構成儒家的深層內涵。這些深層的精神和君權統治、父權統治以及"文死諫"、"武死戰"等愚忠模式的表層內容完全不同。可是，"五四"啟蒙者未加區分，便籠統地對孔夫子和儒家系統採取一律打倒的態度，這顯然太片面、太激烈，也太"革命"。

---

[2]　李澤厚：《波齋新說》，香港天地圖書公司1999年版，第177－178頁。

三　“德賽”兩先生的體用分離

　　“五四”否定的是傳統的“孔先生”，肯定的則是西方的“賽先生”（科學）與“德先生”（民主）。發現理性文化與邏輯文化的闕如之後，具體化為請“賽先生”與“德先生”來補充，這是現代中國知識分子的智慧。無論我們怎樣替孔夫子辯護都難以否認，孔夫子的體系畢竟是倫理學體系。他老人家只教我們如何做人，並沒有給我們提供一個認知世界的辦法。另外，他教我們要知禮知忠知孝，但沒有說明每一個體生而平等。君與臣，父與子，夫與妻，每一個體都擁有靈魂的主權與生命的主權，都可以自我確立和主宰自己的命運。“五四”推出“科學”與“民主”這兩位大先生，是永遠抹不掉的豐功偉績。

　　只可惜，“五四”講科學、民主，重在“用”的層面，未能注意“體”的層面，無論是民主還是科學，都有體、用兩面。“體”（精神方向）對了，科學技術可用於造福人類；“體”錯了，科學技術則會變成殺人武器以至於毀滅人類。民主也是如此，有健康文化的支撐，民主便是光明；沒有健康文化支撐，民主則會產生種種病態醜態。對於“五四”體用的分離，已故的哲學家賀麟先生在上世紀四十年代寫過一些中肯的批評文章，可惜未被注意。他在《文化的體與用》一文中說：“研究、介紹、採取任何部門的西洋文化，須得其體用之全，須見其集大成之處。必定對於一部門文化能見其全體，能得其整套，才算得對那種文化有深刻徹底的了解。此條實針對中國人研究西洋學問的根本缺點而發。因為過去國人之研究西洋學術，總是偏於求用而不求體，注重表面，忽視本質，只知留情形下事務，而不知

寄意於形上的理則。或則只知分而不知全，提倡此便反對彼。老是狹
隘自封，而不能體用兼賅，是個部門的文化皆各得其所，並進發展。
假使以這種狹隘的實用的態度去研究科學，便難免不限於下列兩個缺
點。一因治科學缺乏哲學的見解與哲學的批評，故科學的根基欠堅實
深厚，支離瑣屑，而乏獨創的學派，貫通的系統。一因西洋科學家每
承中古修道院僧侶之遺風，多有超世俗形骸的精神寄託於宗教修養，
認研究科學之目的亦在於見道知天，非徒以有實用價值的技術見長。
此種高潔的純科學探求的境界，自非求用而不求體者所可領會。”又
說：“回看我們中國新文化運動以來，也走上西洋近代爭自由的大道
……須注意的是政治自由須有道德自由的基礎，而道德自由又須有形
而上學的基礎。所以為道德自由建立形而上的基礎以充實政治自由的
根本，使爭政治自由不致流入藐視法律綱紀的無政府主義和淺薄的理
智主義和狹義的個人主義；使爭道德自由不致成為反科學反理性的神
秘主義；同時爭近代西人所共爭的自由，但又不要忘了我們特殊的文
化背景，拋棄中國幾千年向傳下來的中心倫理思想。”[3] 賀麟先生針對
的“五四”新文化理念變動中的偏頗而強調體用兼備，很有見地。儘
管“五四”有偏頗，但民主與科學總是人類的光明。今天，中國及海
外華人世界重新尊崇“孔先生”，這是好事，但是，有一些尊崇者則
想用“孔先生”來衝擊“賽先生”與“德先生”，用儒家道統來掩蓋
當今中國科學與民主的闕如，這不是對孔子真正的尊重，弄不好，會

---

[3] 引自《賀麟選集》，吉林人民出版社2005年版，第108頁。

把孔子再次當作敲門磚和讓他扮演令人厭惡的角色。

四　文學革命的概念錯位

在新文化運動中，文學一直扮演第一小提琴手的角色。新文化運動的第一主將陳獨秀，發表的宣言性文章是《文學革命論》，而第二主將胡適，發表的綱領性文章是《文學改良芻議》，至於周氏兄弟，更是反映"五四"新文學創作實績的大作家。因此，我們在對新文化運動批評時，迴避不了新文學革命。

新文學運動在形式上的革命功不可沒。如果說，日本明治維新講的是"版籍奉還"，那麼，中國的"五四"講的則是"文字奉還"，即把文字還給社會的大多數——被稱為"平民"的廣大階層，從而打破少數人對文字的壟斷。這一大文化目標，派生出文學形式上的一場革命：用白話文取代文言文的革命。於是，在1918年的前前後後，中國的小說、詩歌、散文、戲劇便進行了一場新的語言寫作試驗。魯迅、胡適等，都是"第一個吃螃蟹"（魯迅語）的人。打破文言的束縛，確實有益於激發作家詩人創作的活力。也許你永遠只喜歡古詩詞，永遠不會喜歡新詩，但你不能不承認，新詩能夠幫助你衝破思想的牢籠。

"五四"之後，因為"言"與"文"由二元變成一元，文學便更廣泛地走進社會，尤其是走進社會的底層，這一點，人民大眾一定會銘記"五四"文學革命者的貢獻。但是文學形式的變化，特別是後來在反對"歐化"的名義下進一步提倡大眾語、工農兵語，卻使文學逐步失去典雅之美，"下里巴人"完全消滅了"陽春白雪"。

新文學運動最值得反省的則是內容上的革命。陳獨秀在《文學革命論》中提出文學革命的三項內涵：推倒貴族文學、建設國民文學；推倒古典文學，建設寫實文學；推倒山林文學，建設社會文學。這是眾所周知的，而影響最大的是第一項。但是，這裡發生了兩個重大的概念錯位，其一是沒有分清貴族特權與貴族文學、貴族精神的界限；其二是沒有認識到貴族精神的對立項不是平民精神，而是奴才精神和流氓痞子精神。

貴族特權可以打倒，但貴族文學、貴族文化、貴族精神不可以打倒。正如一七八九年的法國大革命，打倒了國王與貴族階層、貴族特權，但法國至今仍維護貴族文化與貴族文學，也從未有過對貴族精神的大批判。理由其實簡單，因為法國以至歐洲最優秀的文學都是貴族文學。沒有貴族創造的文學與文化，歐洲文化還剩下什麼？至於貴族精神，更是以貴族為主體創造的、由歷史積澱而成的具有特殊內涵的精神，這一精神的主要特徵是尼采所概括的"自尊"精神，還有相應的低調、遵守遊戲規則、淡泊名利等精神，這更不可以隨意推倒。中國的氏族貴族制度在秦滅六國、統一中國時瓦解了，到了兩晉南北朝又出現了門第貴族，但在隋唐科舉制度建立之後也瓦解了，直到清代，才又出現滿洲部落貴族統治。因此，中國並沒有形成歐洲那種長期延續的貴族傳統和騎士傳統，也沒有歐洲式的貴族道德譜系。

儘管如此，中國貴族文學還是出現了兩次高潮，一是周代的貴族詩歌。《詩經》便是當時貴族禮儀、交往、外事的道德文本，也可說是文化通行證。詩寫得"不類"（與身份、場合、氛圍不合）會導致諸侯國的緊張甚至戰爭。第二次高潮是六朝的"玩貴族"，即玩聲律、玩對仗、玩技巧、玩辭采,形式主義之風大盛一時。雖然朝代性的貴族文學業績不夠理想,但有三個個案卻形成貴族文學的高峰,這就是屈原、李煜和曹雪芹,這是不可打倒也永遠打不倒的高峰。陳獨秀在《文學革命論》提出推倒貴族文學時大概沒有想到,這三個高峰是中華民族文化永遠的驕傲,而《紅樓夢》又恰恰是中國現代意識的先聲。陳獨秀在匆促上陣時,想到的貴族文學只是"選學妖孽"、"桐城謬種"這些駢文散文,這實際上是漢族鄉村士紳文學,並非滿清貴族文學,儘管它帶有"氣清體潔"(曾國藩語)的貴族性。這種文學可以商議批評,也不可打倒。

"五四"啟蒙者還有另一個概念錯位,就是把貴族精神的對立項界定為平民精神,把貴族文學的對立項界定為平民文學(或國民文學)。其實,貴族精神的對立項是奴才精神和痞子精神,貴族文學的對立項則是奴才文學和痞子文學。平民可以蘊含貴族精神,正如《紅樓夢》中的丫環晴雯、鴛鴦這些最"平民"的小女子,"其為質則金玉不足喻其貴",身為下賤,卻心比天高。而賈赦、賈蓉等貴族老爺少爺則身為權貴而高貴精神喪失殆盡。

一九二三年周作人在《自己的園地》中率先反省"五四"把貴族文學和平民文學加以對立的錯誤,認為平民文學也需要貴族文學的洗禮方能成其優秀文學,並認為平民文學的"求生"精神(生存層面的精神),和貴族文學的"求勝"精神(超越生存層面的存在精神)並非勢不兩立。可惜,他的反省只是自言自語,並未引起注意。他的文章之後,是象牙塔(精神貴族的存身之所)的逐步毀滅,是一切"自己的園地"的徹底掃蕩。

魯迅在世時，還可以"躲進小樓成一統"，而他去世之後的數十年中，則連躲都沒有地方躲，連放任山水的逍遙自由都沒有。在大革命的潮流中，清朝貴族和漢族鄉村士紳同歸於盡，貴族的精神和它的陽春白雪文化沒有立足之所，而奴才文學則在文化大革命中被推向極致，充斥人間的所謂"紅太陽"的頌歌，實際上是俗到極點的"奴才文學"，一兩代的詩歌，實際上是明代台閣體的現代版。以"三楊"（楊榮、楊溥、楊光先）為代表的台閣體是典型的御用文學（御用文學也是奴才文學），它除了頌揚帝王的權威之外，什麼也沒有。

"五四"除了對貴族文學的認知發生錯誤之外，對山林文學也採取極為偏激的推倒態度，這態度直接導致隱逸精神喪失存身之所。魯迅作為中國現代文學史上最偉大的作家，也竭力嘲諷"隱士"，抨擊隱逸文學，不容莊子、伯夷、叔齊式的存在方式和抽離是非的邊緣思維方式。中國現代知識分子喪失逍遙的自由、放任山水的自由，魯迅負有責任。

五 現代人文經典創造意識的闕如

思考"五四"新文學、新文化運動時，我們會發現一種現象，即"五四"形成的新文學傳統與新文化傳統（也可稱為近傳統）與"五四"之前的舊文學傳統舊文化傳統相比，顯得很不穩定。如果說，舊文化傳統是一種"超穩定"結構的話，那麼，新文化傳統恰恰是一種"非穩定"結構。它作為一種文學思潮或文化思潮，還來不及自我完善，就出現另一種新的潮流來替代它或否定它，而當新潮流剛剛確立自己的地位，又有更新的潮流來衝擊它和取代它。這樣，就形成一種新潮不斷更替的文學現象與文化現象。這種更替的周期很短，每一種新潮都不能真正地實現自己的目標。只要回顧一下"五四"以來這段歷史，就可以看到，"五四"的啟蒙文學經歷不到十年的時間，很快就被異軍突起的"革命文學"所取代。之後革命文學又發展為"左翼文學"思潮；到了四十年代初，左翼文學又被"工農兵文學"取而代之；六十年代"文化大革命"期間，更是走向極端，三十年代文學和以趙樹理為代表的工農兵文學一概被劃入"反革命修正主義文藝黑線"。

　　文學思潮與文化思潮的更替本來是難免的，但是"五四"以來這種更替，卻顯得過於急促頻繁。產生這種現象的原因是多方面的，但與"五四"新文學運動本身的歷史局限性相關。

　　首先，"五四"審視傳統和社會的眼光，主要是病理學眼光，而不是生理學眼光。所謂病理學眼光，就是着眼於對病態社會的揭露、批判和"破壞"，而生理學眼光，則是着眼於社會的生長、營養和建設。

　　"五四"新文學運動與西方的文藝復興運動，其基本思路並不相同。西方的文藝復興運動，是準確意義上的"復興"，因為它有一個可供"復興"的前提，即帶有理性精神的古希臘文化，因此，文藝復興運動實際上是一個"撥亂反正"的文化運動。而"五四"新文化運動恰恰不承認有一個"正"的前提，它認為，正是自己的祖輩文化阻礙了自己的解放。基於這種認識，"五四"文化先驅就傾其全力揭露祖輩文化的"罪惡"，特別是祖輩文化在中國人身上造成的精神奴役的創傷和病態人格。魯迅自己也說，他的小說，意在揭露"病態社會”不幸人們的“痛苦”，以“引起療救的注意”。正是病理學的眼光，發現了中國封建宗法社會的吃人的筵席和其他各種弊端，確實使人震驚，使人覺醒，起了巨大的啟蒙作用。但是，由於這種揭露和批判的“任務”格外繁重，因此，他們就來不及用生理學的眼光考慮失去了傳統之後怎麼辦？即來不及考慮舊的價值體系崩潰後新的價值體系如何構成？此外，他們沒有注意到，儘管在理論上可以和自己的文化傳統實行決裂，但在實際上，新文化建設仍然必須以傳統作為邏輯的出發點。在中國，完全拋開傳統而構築一種純粹的新文化大廈是不可能的。因此，尋找傳統向現代轉化的機制，就成為新文化建設的一項重要工作，但是，“五四”的文化先驅者們並沒有完成這種使命。

　　與此相關而派生出來的另一個局限是創造現代人文經典的意識非常薄弱。或者說，儘管批判的力度很強，但批判者本身並沒有在自然科學和人文科學方面創造出足以構成新傳統的現代文化經典。在文學上，除了魯迅的《吶喊》、《彷徨》等少數作品外，也很難稱作經典性著作。陳獨秀、胡適等人的文章，雖產生極大的影響。但如果作為時代性的文化經典來要求，仍嫌不足。胡適自己也承認，當時他們是“提倡有心，創作無力”（參見胡適的講演《中國的文藝復興運動》），這完全是實話。當時普遍存在的一個問題，就是缺乏創造現代經典的意識。這一點，只要和西方的文藝復興運動及啟蒙運動相比就很清楚。從產生《神曲》（但丁）、《詩集》（彼特拉克）、《十日談》（薄伽丘）、《巨人傳》（拉伯雷）到產生達·芬奇、米開朗琪羅、拉菲爾的繪畫到《君主論》（馬基雅弗利）、《太陽城》（托馬索·康帕內拉）等社會科學經典作品，都反映文藝復興時代文化巨人們創造經典的意識是非常強的。這些里程碑不是孤零零的,它們是建築群,共同建構了一個偉大的文化時代,也共同形成一個新的強大傳統——不容易被別的思潮所否定和取代的傳統。與之相比,"五四"新文學、新文化運動所形成的新傳統就顯得薄弱。就文學而言,儘管當代文學史家們常說"五四"文學的戰鬥傳統,但是,這種觀念並未積澱於民族的集體無意識之中,因此,直到今天,一講起我國的文學傳統,多數人仍然想起《三國演義》、《水滸傳》、《紅樓夢》等章回小說以及更久遠的《詩經》、《楚辭》等,而不是想到"五四"時期的文學作品。這與俄羅斯的情況就很不相同。俄國文學在十九世紀就形成一個強大的超越古傳統的新傳統,因此,一提起文學傳統,就自然地想起普希金、果戈理、托爾斯泰、契訶夫、陀思妥耶夫斯基等。所以魯迅在"五四"後毫不客氣地說,他的小說"顯示了'文學革命'的實績"。(《中國新文學大系·小說二集序》)這是因為除了他的小說之外,真正能顯示新文學運動的實績的小說作品實在不多。這種狀況說明,"五四"新文化運動的主要戰績是表現在對舊文化體系的批判上,而不是表現在對新文化體系的建設上。

造成上述這種狀況,還有另一個原因,就是"啟蒙"的時間太短,時代提供思想家、作家進行深入思考的機會十分有限。過於急切的現實的民族鬥爭與階級鬥爭的"任務",迫使他們把心思放在生存問題尤其是社會合理性問題上,未能進入更深的"形而上"的思索。二十世紀的中國知識分子,老是跟着潮流跑,能夠獲得心靈自由、一生都處於學術性思維狀態的幸運兒,幾乎沒有。

由於文化改革者的基本審視眼光是病理學的眼光,加上自己身處病態社會中,親自感受到各種切膚之痛,因此,在批判傳統時就顯得異常激烈,常有"徹底決裂"之態。沒有這種激烈,就不足以喚醒在鐵屋子裡沉睡千百年的病人。應該承認這種激烈的歷史合理性。但是,拉開一段歷史距離之後,卻可以看到在歷史合理性裡面包含着一種歷史局限性,這就是自虐性的文化心理。例如,他們在批判民族性弱點時,往往覺得自己的民族一無是處,樣樣不如人;講起文學,斷定古典全是"非人的文學";說起文字,斷定方塊字罪惡深重,應當加以廢除;至於文言,則認定線裝書全看不得。這種態度可以理解,因為非此就無法在根深蒂固的傳統高牆中突圍,然而,這種自虐卻造成喪魂失魄,找不到精神支撐點。

此外,由於整體文化水準較低,"五四"對民族病態以及整個傳統文化的深刻認識和對人的自覺意識,還只是停留在少數人的範圍內,當時的文化先驅者在很大的程度上還帶有"先鋒派"的味道。這些"先鋒派"大聲吶喊。但多數群眾如閏土、祥林嫂等還是照樣麻木、愚昧,他們只是"戲劇的看客"。這種麻木的、封閉的力量又是多數的力量,社會改革最難突破的層面,甚至形成巨大的社會黑染缸使改革迅速發生變形變質。"五四"之後,許多新文化戰士,感到自己吶喊的空洞並陷入徬徨、孤獨、悲涼,感到醒來了又無路可走,甚至發覺自己仍處於未覺醒的多數力量的包圍之中,於是感到絕望。在絕望中,一部分知識分子選擇了與絕望抗爭的道路,於無路中硬走出路來,而另一部分知識分子則採取逃避主義的態度,開闢一個疏遠時代潮流的"自己的園地"。不管是抗爭的,還是逃避的,都深深地感到寂寞與孤獨,這就說明,"五四"的啟蒙運動,並沒有深入到最廣大的層面，也未進入數千年積澱而成的最堅固的文化層面。不能深入到這一層面，新的文化思想就難以化入民族文化心理的深層結構中，即不能化為民族的集體無意識，以形成新的具有現代意義的民族性格，"五四"倡導的個人獨立、個性解放很快就煙消雲散，也證明，啟蒙運動並沒有在中國文化的深層結構中獲得成功。

六　主攻對象置換的假設

筆者是"五四"新文化熏陶下長大的知識人。面對"五四"，常生敬仰，但也常生遺憾。這遺憾化作一個假設性的思路竟是："五四"新文化運動，要是不把孔夫子作為打擊對象，而是把《三國演義》、《水滸傳》作為主要批判對象就好了。如果再從正面把《紅樓夢》作為"人"的旗幟那就更好。孔子及儒家文化有正有反，可以質疑，但不可推翻。而作為傑出文學作品的《三國演義》與《水滸傳》，在價值觀上卻問題極大，它導致權術、暴力的瘋狂遊戲和智慧的變質，其對中國世道人心造成的危害及巨大破壞，完全是致命性和粉碎性的，這倒是需要"五四"式的清算和批判（這一點，容後再證）。而《紅樓夢》的主題恰恰是"五四"的主題。"五四"運動的三大發現（人的發現、婦女的發現、兒童的發現），曹雪芹早就完成了。聶紺弩先生生前一再告訴筆者，《紅樓夢》是一部人書，它理應成為"五四"肯定人、肯定個體生命的旗幟。孔子對中國人心影響巨大，《水滸傳》、《三國演義》也影響巨大，兩者都在塑造中國的民族文化性格，那麼，如果該做選擇，我們當然要孔夫子，不要《水滸傳》與《三國演義》，如果進一步選擇，我們更要《紅樓夢》。從曹

雪芹到 “五四”，這一 “人” 脈，才是中國文化最該珍惜的精華大血脈。

　　基於這一思路，筆者認為，應把一九〇四年王國維所作的《紅樓夢評論》視為新文化的先聲。與此相應，應當把與 “五四” 主潮（北京大學為中心的陳獨秀、胡適、周作人等）之外的具有不同理念的清華大學國學院的人文論述（包括王國維、梁啟超、吳宓等）納入新文化的範疇。胡適張揚杜威，提倡白話，是新文化；吳宓強調白璧德，注重 “文學紀律”（文學規律），也是新文化。杜威和白璧德在美國並無先進與保守之分，為什麼到了中國就變成革命與反動之分？總之，中國現代新文化歷史的敘述，不應只講北大，不講清華，兩者雖有激進與保守之分，但都在為中國新文化奠定基石，異軌同奔，都在推動新文化的發展。如果能這樣看，我們對二十世紀中國的現代文化歷史將會有一個更完整的把握。

（原載《信報》2008年4月24日，《書屋》2008年第8期）

附論一　中國貴族精神的命運（提綱）

一　問題的提出："五四"運動的概念錯位

　　"五四"新文化運動作為偉大的啟蒙運動，它具有兩大發現：一是發現我國傳統文化資源不足以應付現代社會的挑戰；二是發現中國大文化系統中理性文化與邏輯文化的闕如，必須求教於西方。有這兩大發現，"五四"就永遠具有歷史合理性，其歷史功勳就不可抹煞。

　　但"五四"新文化運動也有很大的失誤，就新文學運動而言，以陳獨秀的宣言性的《文學革命論》為標誌，當時的文學革命籠統地提出要推倒貴族文學的口號，並有兩個很大的概念錯位：

　　第一，混淆貴族特權和貴族精神的區別（貴族文學是貴族精神的載體）。其實，貴族特權可以推倒，但貴族精神和貴族精神的存在形式——貴族文學則不可以打倒。

　　第二，誤認為貴族精神的對立項是平民精神，不知貴族精神的真正對立項是流氓精神、痞子精神與奴才精神。平民中也有貴族精神，例如《紅樓夢》裡的晴雯，身為下賤，心比天高，"其為質則金玉不足喻其貴"。《紅樓夢》本身就是貴族精神與平民精神的完美融合。其主人公賈寶玉不僅是在貴族社會處於中心地位的公子，而且是精神貴族，但他又完全打破世俗社會的等級觀念，只認人格的貴賤，不認地位的尊卑，真誠地崇尚平民階層中的高貴人格人性，自願充當丫環、奴婢、戲子的"侍者"（服務員），他所作的《芙蓉女兒誄》甚至把晴雯這個女奴當作天使來歌頌。可見,貴族精神與平民精神並不對立,兩者的人格是可以相通的。

上述兩個概念錯位,對二十世紀中國人的精神產生很大的負面影響。當時的新文化先驅者具有對底層民眾巨大的同情心與慈悲心,但都過於激進,他們沒有充分意識到,可以推倒貴族特權,但不可以推倒貴族文學、貴族文化和貴族精神。正如一七八九年法國大革命,儘管異常激烈地推翻王權與貴族特權,但至今仍保留了貴族時代的文學、文化遺產,把最高榮譽勳章命名為騎士勳章。至於對於貴族特權,我也認為,最好是採取英國式的改革、改良的辦法,而不是通過法國式的暴力推翻的辦法。平等觀念,其核心精神應是人格平等而非經濟平等,企圖實現經濟上的平等、平均,可能是永遠的烏托邦。

二　貴族精神的內核

貴族精神為什麼不可以打倒?因為貴族精神是貴族社會中人類共同創造的、並由歷史積澱而成的一種精神傳統和優秀文化遺產。它包含着歷史篩選下來的人類共通的美德、格調、風度、趣味、情操等等。也就是說,貴族精神在歷史形成過程中,最後已成為一種超越貴族門第、貴族血統,甚至超越貴族階級的一種人類共同認可的文化精神境界。關於貴族與貴族精神,在歐洲文明史上,從亞里士多德、但丁到近代的尼采、羅素、托克維爾等,都不斷地進行定義。到了十九世紀末,尼采也許天才地預感到貴族將在二十世紀進一步消失,所以他嚴格地區分上等人的道德與下等人的道德,高舉起貴族主義的旗幟,公開宣佈向非貴族的下等人開戰,非常偏激。但是,他對貴族精神所作的定義至今仍然帶有經典性。中國的貴族制度過早瓦解，沒有形成歐洲那種貴族譜系，也沒有形成貴族騎士傳統，但還是嚴格地區分富與貴的界線，也有貴族文士對貴族精神作過定義（例如沈約的《高士贊》）。綜合西方（也包括中國）思想家們的界定和貴族本身的歷史表現，貴族精神的核心內涵大約有以下幾點：

（1）自尊精神：這是尼采在《善惡之彼岸》一書中點破的貴族精神之核。所謂自尊，就是把榮譽看得至高無上，或者說是視名譽高於生命，大於生命。這是對於意志和靈魂主權的確認，即生命不為他者所侵犯，也不為環境所規定和主宰。貴族的一種基本行為語言是決鬥，普希金、萊蒙托夫等卓越詩人均決鬥而死。"決鬥"行為模式的象徵意蘊，是確認有一種比生命更重要、更寶貴的東西，這就是個人的名譽與尊嚴。為了維護這一尊嚴，可以不惜鮮血灑於刀劍之下。基佐在《歐洲文明史》一書中說，歐洲貴族走出羅馬貴族之後，它的最重要精神特徵是自我確立，即認定自身的重要性不是來自他人，也不是來自皇上，而是來自自身。自我確立和持守人生的尊嚴與驕傲，便是自尊。

（2）原則精神：所謂原則精神就是遵守遊戲規則、遊戲原則。具有高度自尊心，同時又必須承認人是相關的，應在尊重自己的時候又尊重他人。維繫社會的共同契約。因此，便需要自律——遵守原則與規則。就決鬥而言，雙方必須嚴格按照規則行事，誰違反規則，誰首先就是失敗者。競賽場中講"費爾潑賴"這種公平原則，正是貴族精神的重要表現。貴族時代的戰爭講規則，講"不打不成列"、不偷襲、不埋伏等等，都是講規則。貴族精神的真正對立項所以是流氓精神，便是流氓和痞子最不講原則、規則。《水滸傳》中的楊志所碰到的潑皮牛二，是貴族精神對立的另一極，其特點是耍盡無賴。魯迅說，凡是無一定理論線索可尋者，均可以稱之為流氓。無一定理論線索可尋，便是沒有一定的信念和一定的原則。作為貴族，最基本的要求，是一定不能越過道德的邊界，不僅要守住遊戲的原則，而且要守住心靈的原則。流氓、痞子、潑皮、市儈，其共同點都是喪失心靈的原則。

（3）低調：貴族除了自尊自律之外，還自明。貴族一般都有較好的學養與修養，了解歷史和世界，也了解自己的位置與局限性。因為知道天高地厚，便不敢唱高調。雖然富有，但不誇大顯耀自己，財大而氣不粗，錢多而不患身心浮腫病。貴族既然有實力，便無須吹噓，一吹噓必遭嫉妒與搶劫。如魯迅所言，貓是不叫的，老鼠才吱吱叫。有力量的大象總是垂下耳朵，沒有力量的兔子才把耳朵翹得高高。具有貴族精神的人都不講大話，一講就俗。自尊是自身高貴人格的持守，不是自我膨脹。暴發戶才熱中於自售與自吹。曾國藩治家八本中的一項是"立身以不妄言為本"，這是中國鄉村士紳的精神，也是貴族精神。

（4）淡泊名利：貴族精神常常被說成是高貴精神、高尚精神、高雅精神，這是對的。所謂高貴、高尚，就是不在世俗世界裡爭名奪利，與俗流濁流保持距離。按中國人所說，叫做處污泥而不染，潔身自好。沈約的《高士贊》，他所界定的高士，是隱士，也是貴族。其特點是"避世、避言"，與世俗社會保持距離。他說："亦有哲人，獨執高志。避世避言，不友不事。恥從污祿，靡惑守餌，心安藜藿，口絕炮蔽。"還說這種人"如金在沙，顯然自異。猶玉在泥，涅而不緇。"這種人和世俗的名利之徒完全不同。"悠悠之徒，莫不攘袂而後進取，怒目而爭權利"，而貴族精神天然地蔑視"悠悠之徒"，以怒目爭權奪利為恥。

歐洲的騎士是帶長矛的為國王及公爵侯爵效命的次等貴族，他們也形成一種正義、誠實、慷慨，崇拜貴婦人、扶助弱者的精神傳統，與上述的貴族精神相通。貴族除了具有普遍性的精神價值取向之外，在文學藝術中（貴族文學是貴族精神的最重要載體）還凝聚了一些特殊的、純粹的個性精神。這些精神，大約有以下幾種：

1. 品格的高潔：如屈原的《橘頌》和普希金的大量詩作。

2. 精神的雄健：如嵇康的《與山巨源絕交書》和拜倫投入希臘戰場的詩化行為語言及詩化文字語言。

3. 心氣的高傲：如屠格涅夫的代表作《父與子》人物巴扎洛夫的氣質，表現的是血液深處的一種不可征服的驕傲。

4. 理想的卓越：如俄國坐牢二十年的貴族女詩人薇拉·妃格念爾的自傳《俄羅斯的寒夜》和其他十二月黨人及其妻子的動人詩篇。

5. 道德的完善：如托爾斯泰代表作《戰爭與和平》、《安娜·卡列尼娜》、《復活》中的貴族男性主人公彼爾、列文、聶赫留道夫等所追求的道德目標。

6. 藝術形式的精緻：如我國南朝時代沈約對"四聲八病"的界定和法國古典主義對"三一律"的審美要求。

應當特別說明的是，我國的偉大小說《紅樓夢》作為"兼美"的作品，它兼有上述品德的高潔、精神的雄健、心氣的高傲、理想的卓越和藝術的精緻。從以上的敘述，可以看出貴族精神是一種比平民精神更超越、更理想，更具形上意義的精神存在。一九二三年，周作人在《自己的園地》中，對“五四”作了一次認真的反省，他說不應當把貴族文學與平民文學加以對立。但認為平民文學只有經受貴族文學的洗禮才能成為更高形態的文學。他還對兩者作出定義，認為平民精神是“求生”的精神，貴族精神是“求勝”的精神。所謂“求勝”，就是尋求對生存層面的超越，而進入對存在意義的把握，也就是跳出衣食住行的日常生存狀態而對詩意棲居的存在狀態有所嚮往，有所追求，有所理想，有所夢。

三　中國貴族精神的命運

中國歷史經歷了三個貴族時代：一是周朝的氏族貴族時代；二是兩晉南北朝的門閥貴族時代；三是滿清的部落貴族時代。

第一個貴族時代是典型的貴族時代；時間是從西周初年（公元前11世紀到春秋中葉的前6世紀），周武王推翻商紂之後進行大規模的分封，授予諸侯土地、爵位。其爵分公、侯、伯、子、男五等。貴族的特點，一是有爵位；二是有姓氏，（姓為血緣標記，氏為姓的延伸），老百姓無姓氏；三是有土地（分封之土）；四是有兵車（軍隊）。我在深圳大學傳播系講座時，有位教授補充說，還應增加一項：有祭祀的鼎器。

周代之前，夏朝商朝也有貴族，如伯夷、叔齊、箕子等，也包括周文王，都是貴族。但商朝還不算典型的貴族時代，它沒有分封。到了周初大規模分封之後，才形成貴族大時代。那時候，貴族講究禮節、風度、儀表、談吐，交往時以詩言志言事，詩是日常交往的日用品，《詩經》更是當時的道德文本，貴族身份的通行證。晉平公所講的"詩必類"，便是所吟的詩章必須符合貴族的身份、禮儀和貴族社交的氛圍。可見，那時已形成貴族的自尊精神與遊戲規則。可惜，這個時代太多戰爭，諸侯之間戰爭頻繁。"春秋無義戰"，打到戰國時剩下了七雄，最後秦滅六國，以郡縣制代替分封制，以代表皇帝權威的文官取代各地的諸侯，第一個貴族時代便基本終結。項羽原想持守貴族制，但沒有成功，漢高祖劉邦之後旳文帝、景帝、武帝均打擊諸侯。貴族制度終於徹底瓦解。由於中國貴族制度過早崩潰，所以沒有形成貴族譜系，也沒有形成歐洲式的強大的貴族精神系統。

到了晉代，貴族制度復辟，形成門第門閥貴族制度。在社會上大講門第，大講血統，大講出身。不同出身不可通婚，在文學上則大玩貴族，即大玩形式，大玩聲律，大玩辭采，為藝術而藝術，可惜犯了思想的貧血症。如果說第一個貴族時代是被戰爭所瓦解，那麼第二個貴族時代，則是被隋、唐的科舉制度所瓦解。科舉制度不講出身，只講才能，不講才性同，只講才性異。人人在科場面前平等，英雄莫問出處。這樣就出現了"朝為田舍郎，暮登天子堂"的現象，社會動力從上層轉入下層。於是，相應地便產生"舊時王謝堂前燕，飛入尋常百姓家"的現象。唐、宋、明，雖然也有宮廷貴族，但貴族時代已經終結。到了清代，出現滿清部落貴族統治，爵分二十七等。但最後被革命所摧毀。辛亥革命摧毀愛新覺羅王朝的滿清貴族政權。二十世紀的進一步革命，則連根拔，消滅了地主階級和鄉村士紳。

由於中國沒有形成貴族傳統。便出現阿Q也作皇帝夢，劉邦、朱元璋也可以當皇帝的現象，以及從蘇秦開始的以“白衣卿相”取代世襲貴族的現象，這在歐洲是不可思議的。

四　貴族精神失落後的若干精神現象

（1）精神貴族的消失

在清代部落貴族時代，從《紅樓夢》中可以看出，“貴”仍然是重要的社會價值尺度。薛寶釵在成立詩社時給賈寶玉起了一個別號（筆名），叫做“富貴閒人”。在貴族時代，富與貴的界限是很嚴格的。在中國人的觀念中，富人要三代換血才成為貴族。《紅樓夢》人物傅試，是個暴發戶，他想由富變貴，便企圖通過其妹傅秋芳與賈家攀親，所以一直到二十三歲還未嫁出去。曹雪芹天才地使用“暴發”這個與貴族全然不同的概念。有富有貴之後，如果還有閒，那就會使世俗貴族變成精神貴族，賈府中的賈母、賈寶玉和大觀園的詩人們都是精神貴族。二十世紀再沒有這樣的精神貴族了。

（2）象牙之塔的瓦解

二十世紀富、貴、閒三者同歸於盡，造成另外一種現象，就是象牙之塔的瓦解。由於社會生活狀態過於緊張，連逍遙——放任山水也不可能，因此，便造成象牙之塔的崩潰。“象牙之塔”一詞是在魯迅翻譯廚川白村《出了象牙之塔》後才出現的。魯迅與廚川白村相通，是呼喚作家要走出象牙之塔而走向十字街頭去關懷社會，在當時的歷史場合中這是極為寶貴的呼喚。但是，作家的社會關懷與作家持守一個獨立的、自由的、屬於自己的精神空間並不矛盾。有這種空間才有面壁寫作的可能，才有閱讀與思索的沉浸狀態，才有精神價值創造品的精緻。但在二十世紀的大部分時間裡，"象牙之塔"變成不合法的"罪惡之所"。市場經濟發展之後，商業大廈更是取代象牙之塔。雖然象牙之塔可以合法存在，但是有錢才有塔，象牙之塔已成為財主們掌控的對象。

（3）高級審美趣味的弱化

貴族精神成為負概念之後發生的另一大現象是下里巴人的審美趣味壓倒陽春白雪的審美趣味。"下里巴人"的審美需求是應當尊重的，但如果把"陽春白雪"視為負價值，就會發生趣味、情感、語言的鄙俗化。二十世紀發生大量的媚俗現象，其中有一項是語言暴力的出現。"批倒、批臭"，"踩上一萬隻腳"等口號，叛徒、工賊、內奸、黑幫等帽子，都是語言暴力，但都變得習以為常。說話聲嘶力竭，連禮儀之邦的表面功夫都沒有了。

（4）貴族精神的對立項痞子精神、流氓精神大肆泛濫

流氓痞子最不講原則，既不講社會原則，也不講心靈原則。嵇康有一名言，叫做"外不殊俗，內不失正"，持守貴族精神原則，並不是蔑視世俗生活，但在世俗生活中不可走邪門歪道，也不可越過道德邊界。有所不為，有所敬畏，這才是自尊精神。可惜這種精神也正在被遺忘。

（5）富了之後不知所措

富了之後，按照貴族精神的原則，應當往貴處提升，如孔子《論

語 · 學而篇》所說的應當 "富而好學富而好禮"。而不是相反方向：
富而好色，富而好淫，富而好賭，富而好利。富了之後意識到人格有
貴賤之分，財富並不一定能帶來人格的高貴和生命的價值，這應是富
人最重要的覺悟。西方富豪在二戰之後有所反省（這可能與猶太人在
戰爭中的慘痛教訓有關），因此，他們把大量財富投入社會精神事
業，把財富轉化為藝術館、博物館和各種教育設施，富而樂於社會關
懷，為提高社會的精神趣味和精神境界作出重大貢獻，這幾年美國首
富比爾 · 蓋茨和巴菲特的慷慨捐贈，正是一種從富向貴的極好的精神
趨向。其實，在這之前，中國著名的華僑領袖、我故鄉福建省的富豪
陳嘉庚先生就把他的全部財富用於興辦廈門大學、集美學校和各種教
育設施，把閩南地區變成中國文化的重要搖籃，為中國富人走向高貴
樹立了一個光輝的坐標。

二〇〇八年六月二日

香港城市大學

附論二　誰是最可憐的人

想想中國歷史的滄桑起落，看到一些大人物的升降浮沉，便冒出一個問題自問自答。問的是："誰是最可憐的人？"答的是："孔夫子。"

最先把"可憐"二字送給孔子的是魯迅。他在《在現代中國的孔夫子》一文中說：

種種的權勢者使用種種的白粉給他來化妝，一直抬到嚇人的高度。但比起後來輸入的釋迦牟尼來，卻實在可憐得很。誠然，每一縣固然都有聖廟即文廟，可是一副寂寞的冷落的樣子，一般的庶民是絕不去參拜的，要去，則是佛寺，或者是神廟。若向老百姓們問：孔子是什麼人？他們自然回答是聖人。然而，這不過是權勢者的留聲機。

（《且介亭雜文二集》）

被權勢者抬的時候、捧的時候已經"可憐得很"，更不用說被打、被罵、被聲討的時候。

一九八八年，我應瑞典文學院的邀請，在斯德哥爾摩大學做了一次題為"傳統和中國當代文學"的講座，就說在五四新文化運動中最倒霉的是孔夫子。因為拿他作文化革命運動的靶子，就把他判定為"孔家店"總頭目，吃人文化的總代表，讓他承擔數千年中國文化負面的全部罪惡。在當時的文化改革者的筆下，中國的專制、壓迫、奴役,中國人奴性、獸性、羊性、家畜性,中國國民的世故、圓滑、虛偽、勢利、自大,中國婦女的裹小腳,中國男人的抽鴉片等等黑暗,全都推到孔夫子頭上,那些年月,他老人家真被狠狠地潑了一身髒水。在講座中,我肯定"五四"兩大發現:一是發現故國傳統文化資源不足以面對現代化的挑戰;二是發現理性、邏輯文化在中國的嚴重闕如。正視問題才能打開新局面,所以"五四"的歷史合理性和歷史功勳不可抹殺。但是,我也替孔夫子抱不平,說這位兩千多年前的老校長,確實是個大教育家,確實是個好人,權勢者把他抬到天上固然不妥,但革命者將他打入地獄也不妥,尤其是把什麼罪惡都往他身上推更不妥。以為打倒了孔家店,中國就能得救,實在想得太簡單、太片面。近年來,我在反省"五四"時曾想:要是新文化運動不選擇孔夫子為主要打擊對象,而選擇集權術陰謀之大成的《三國演義》和"造反有理"的《水滸傳》為主要批判對象,並以《紅樓夢》作為人文主義的旗幟,二十世紀中國的世道人心將會好得多。

　　僅着眼於"五四",說孔夫子是"最倒霉的人"恐怕沒有錯,但是如果着眼於整個二十世紀乃至今天,則應當用一個更準確的概念,這就是"最可憐的人",在魯迅的"可憐"二字上再加個"最"字。我所定義的"最可憐的人",是任意被揉捏的人。更具體地說,是被任意宰割、任意定性、任意編排、任意驅使的人。二十世紀著名的思想家以賽亞·柏林批判斯大林的時候說:一個具有嚴酷制度的社會,無論其制度有多麼荒謬,例如要求每個人必須在三點鐘的時候,頭朝下站立,人們都會照樣去做以保全自己的性命。但對斯大林來說,這還不夠。這樣做不能改變社會。斯大林必須把自己的臣民揉成麵糰,之後他可以隨意揉捏。柏林很善於用意象表述思想，他的狐狸型和刺蝟型兩種知識分子的劃分幾乎影響全球。而這一"麵糰"意象，則最準確地定義和描述了世上最可憐的人（參見《以賽亞·柏林對話錄》第二次談話"現代政治的誕生"）。不錯，最可憐的人並非被打倒、被打敗的人，而是像麵糰一樣被任意揉捏的人。不幸，我們的孔夫子正是這樣的人。可憐這位"至聖先師"，一會兒被捧殺，一會兒被扼殺，一會兒被追殺。揉來捏去，翻手為神，覆手為妖。時而是聖人，時而是罪人，時而是真君子，時而是"巧偽人"，時而是文曲星，時而是"落水狗"，時而是"王者師"，時而是"喪家犬"。"文革""批林批孔"那陣子，只能直呼其名，叫他為"孔丘"，其態度相當於對待魯迅筆下的"阿Q"。聲音相近，地位也差不多。跟着孔夫子倒霉的是《論語》與儒學，"半部就可治天下"的《論語》，也像麵糰，一會兒被揉捏成"經典"，一會兒而被揉捏成"秕糠"（毛澤東詩"祖龍魂死秦猶在，孔學名高實秕糠"）；一會兒是"精神鴉片"，一會兒是"心靈雞湯"。

　　孔夫子的角色被一再揉捏、一再變形之後，其"功能"也變幻無窮。魯迅點破的功能是"敲門磚"，權力之門，功名之門，豪門，侯門，宮廷門，都可以敲進去。不讀孔子的書，怎可進身舉人進士狀元宰相？但魯迅看到的是孔子當聖人時的功能，未見到他倒霉而被定為罪人時的功能。在"批林批孔"運動中，他從"至聖先師"變成"反面教員"，其功能也是反面的。先前要當進士得靠他，現在要當戰士也得靠他，誰把孔子批得最狠，誰才是最堅定忠誠的革命戰士。至於他的"徒子徒孫"，則必須反戈一擊，把他作為"落水狗"痛打痛

罵,劃清界限,才得以自救。一九七六年,孔夫子運交華蓋,成了頭
號階級敵人,與"反黨叛國集團頭目"齊名,因為林彪引用過"克己
復禮"的話,鐵證如山,於是,孔夫子竟然和他一起被放在歷史的審
判台上。這回與"五四"不同,"五四"時只是一群知識分子寫寫文
章,這次批孔則是全黨共誅之,全國共討之,動用了整個強大的國家
機器,不僅口誅筆伐,而且還給他踩上億萬隻腳。請注意,不是一萬
隻腳,而是億萬隻腳。弄得史學家們也手忙腳亂,立即着手把"以階
級鬥爭為綱"的《中國通史》改為"以儒法鬥爭為綱"的通史新版。
這個時候,中國文化翻開了最滑稽也是最黑暗的一頁。

　　一九七六年孔夫子被打到了谷底,真正是被批倒批臭了。沒想
到三十年後,孔夫子又是一條好漢,孔老二又變成了孔老大和孔老爺
子。他再次成為"摩登聖人"(魯迅語)。這一回,孔夫子是真摩
登,他被現代技術、現代手段所揉捏。電台、電視台、電腦網絡,從
裡到外,轟轟烈烈。古代的手段也沒閒着、立廟、燒香、拜祭全都洶
湧而至。這次重新摩登,差不多又是把孔子當麵糰,不同的是三十
年前那一回把他踩下了地,這回則是捧上了天。揉捏時麵糰裡放了
不少作料與發酵劑,於是格外膨脹,不僅《論語》被視為"放之四海
而皆準"的真理(連"唯女子與小人為難養也"也千真萬確),而且
孔子也變成超蘇格拉底、超耶穌的第一大聖,什麼先進文化都在他身
上,孔老先生成了"萬物皆備於我"的大肚至飽先師。有此大聖在,
還扯什麼"五四"精神,什麼德先生、賽先生,連聖誕節、元旦都是
胡扯,都是有損於我大中華形象,應當用孟母節取代母親節,用孔子
紀年代替公元紀年。這回孔夫子除了當"敲門磚"之外,還充當"擋

箭牌"，起了掩蓋"問題"的奇妙作用。有此擋箭牌在，"獨立之精神，自由之思想"自然就該退避，蔡元培、陳獨秀、魯迅、胡適、王國維、陳寅恪等等，就該統統靠邊站。

孔子被揉捏，首先是權勢者根據自己的政治需要或捧或壓或打或拉，但大眾與知識人也有責任。什麼是大眾？大眾就是今天需要你的時候，把你捧為偶像，不需要你的時候，則把你踩在腳下，一切均以現時利益為轉移。崇尚蘇格拉底的是他們，處死蘇格拉底的也是他們。既然以利益為準則，那麼對待孔夫子，或供奉，或消費，或叩頭，或玩玩，或做敲門磚，或做萬金油，或立孔廟與關帝廟並列，或辦孔氏牛肉店與妓院同街，全都無關緊要，有用就好。而大眾中的精英，一部分知識人，對孔子並無誠心，名為追隨孔子，實則追求功名。魯迅說中國人對待宗教的態度是利用即"吃教"。對孔子也是食慾大於敬意。都是用口，講孔子和吃孔子界線常常分不清楚。當今吃孔子的方法很多，吃法不同，有的是小吃，有的是大吃，有時是單個吃，有時是集體吃，有時是熱炒吃，有時是泡湯吃。充當"心靈雞湯"時，放點西洋文化摻和，有些變味，尚有新鮮感，最怕是大規模集體炒作，讓人又浮起政治運動與文化運動的噩夢。總之，孔子雖然重新摩登起來，卻仍然很可憐：八十多年前"五四"運動時，他被視為"吃人"文化的總代表，現在變成"被吃"文化的總代表。

說了這麼多，不是說孔子有問題，而是說對待孔子有問題。孔子確實是個巨大的思想存在，確實是人類社會的重大精神坐標，確實值得我們充分尊重、敬重。但是，二十世紀以來，問題恰恰出在不是真尊敬、真敬重，或者說，恰恰是不給孔子應有的尊嚴。不管是對待孔子還是對待其他大思想家，第一態度應當是尊重，然後才去理解。如果只給孔子戴高帽子，把他當做傀儡和稻草人，那還談得上什麼理解，還有什麼好研究的？余英時先生說，對待孔子和儒家經典，應當冷讀，不應熱炒，便是應當坐下來以嚴肅冷靜的態度，把孔子以及儒學當做一個豐富、複雜的巨大思想存在，充分尊重，認真研究。在此前提下，再進入思想體系的內裡，把握其深層內涵，這樣倒可以還原一個可敬的孔子形象。

　　但願孔夫子在二十一世紀的運氣會好一些。二〇〇八年新春之際，讓我們祝他老人家好運和重新贏得思想家的尊嚴。

二〇〇八年一月八日於美國科羅拉多州

（原載北京《讀書》2008年第4期）

附論三　蔡元培的內心律令

——在香港北京大學校友會上的講話

一

感謝北京大學香港校友會邀請我參加校慶論壇，使我有機會表達對蔡元培先生最高的敬意。蔡元培先生的名字，對我來說，不僅是一種象徵，而且是一種召喚。只要蔡元培的旗幟一舉起，我就會恭敬地來到他的偉大靈魂的面前。

在許多論述蔡元培的著作中，我最喜歡梁漱溟先生一九四二年發表的文章（題為〈紀念蔡元培先生〉）。他說：

蔡先生一生的成就，不在學問，不在事功，而只在開出一種風氣，醞成一大潮流，影響到全國，收果於後也。

蔡先生確實開創了全新的風氣，甚至可以說，蔡先生一生都在開風氣，無論是在微觀上打破男生女生對立、文科理科對立的舊制，還是在宏觀上把教育的內涵結構從三維（德、智、體）擴展到五維（世界觀教育、美育），都在開風氣之先。而特別讓人敬仰的是他開創了"思想自由、兼容並包"的先河。這是破天荒的創舉。不過，這裡我先要補充梁漱溟先生說：蔡元培之可貴不僅在於開風氣，而且還在於他"但開風氣不為師"（龔自珍的詩句）。具體地說，就是他開了風氣，領了潮流，卻仍然極為謙卑，毫無功名之心，絕不熱衷於權力操作與名聲操作，絕不熱中於大師、導師、主席、主編、經典、典籍等媚俗欺世的商業品牌，更不熱中於佔據學術山寨稱王稱霸、呼風喚雨，從而給我們提供一種最美的做人、做知識分子的平實作風。從上世紀到今天，中國缺少的正是這種作風與情懷。

二

評價一位歷史"人物"，最重要的不是看其書本語言，而是看其行為語言。純粹的、高尚的行為語言又可以變成風範語言、神聖語言。釋迦牟尼、慧能不立文字，但他們的整體生命歷程卻構成神聖語言。蔡元培先生有學問，但著作並不多，然而，他卻以自己的行為與胸襟，構成一種偉大的風範。蔡元培的名字，是在五四新文化運動中產生的一種新型知識分子的風範文本。

蔡元培先生於一九一七年擔任北京大學校長後，其兼容並包的行為，早已成為一種時代性寓言。他不僅包容保護新文化運動激進的主將與急先鋒陳獨秀、胡適、魯迅、周作人等，而且包容保護留着長辮子和固守舊方法的辜鴻銘、劉師培、黃侃、陳漢章、馬敘倫等。僅僅保護陳獨秀一事就是蔡先生行為語言的千古絕唱。陳獨秀可不是一般人物，他是當時文化界高舉革命大旗的陳勝吳廣，個人生活又有許多疵癖，校內外攻擊的聲音接連不斷，但蔡先生堅定地做他的保護傘，義無反顧。當陳獨秀的保護傘不容易，當辜鴻銘的保護傘也不容易。蔡元培保護守舊人物，不是居高臨下的同情與悲憫，而是超越政治判斷對人間才華的欣賞與珍惜。這種對才華與智慧的審美態度與護衛態度，是新文化運動中最有詩意的故事，它包含着尊重文化的心靈原則。此一故事將成為精神豐碑，流傳到今後的千年萬年。

三

應當承認，學習蔡元培先生是很難的。蔡元培先生的包容、兼容、寬容，不是一種人生策略，不是人際關係的一種學問，也不是他作為校長而制定出來的政策，而是他的一種天性。他天生就有一種天空大海般的博愛的襟懷與性格。換句話說，蔡先生尊重不同聲音、不同選擇不是他的職務的要求，而是他的內心的絕對命令。如果"兼容並包"僅僅是一種策略手段，就可能今天"放"，明天"收"，今天讓你說話，明天叫你閉嘴，完全與真情真性無關。而蔡元培的行為卻全然出自心靈。能把兼容並包的理念化作內心律令，這才稀有，這才偉大。

說蔡先生開風氣，從正面講是他開了思想自由兼容並包的風氣；從背面講，則是他徹底地拒絕數千年來形成的一種專制體系。專制包括專制制度、專制人格與專制氛圍。文化大革命中的"群眾專政"形成一種氛圍，這是最令人難受的。蔡元培先生一生都在反對專制獨大，這是毋須論證的，而最為了不起的，則是他在與專制制度交鋒的同時，也拒絕專制人格。所謂專制人格，就是只許自己說話，不許別人說話；只許別人說支持的話，不許別人說反對的話。許多反對專制皇帝的農民起義領袖革命成功後也成了暴君，許多民主戰士卻滿口語言暴力，就因為自己身上也有專制人格。蔡元培最可寶貴的是身上毫無專制的影子。他不僅與專制制度決裂，而且也與專制人格決裂。他在自己身上掃蕩了專制的細菌，所以才在無意中創造出一種光輝的自由人格，一種沒有任何霸氣、官僚氣、權威氣、革命氣、匪氣、痞子氣的優秀人格。

四

　　蔡先生的包容精神除了與他的天性有關之外，還與他後天形成的徹底的“和而不同”的哲學觀有關。前些時，我的朋友劉心武發現蔡先生在談論《紅樓夢》的文章中說了這樣的思想：“多歧為貴，不取苟同”。（出自蔡先生為壽鵬飛《〈紅樓夢〉本事辯明》一書所作的序，1927年）這就是說：有各種不同的分歧意見是很寶貴的，不應當立即把它變成一種統一的聲音。蔡先生這一理念既是我國古代“和而不同”思想的發揚光大，又是我國近代多元文化思想的開端。真正的“和”是“和而不同”的和，是尊重歧見的和，不是絕對精神的“和”，不是權威統攝下的和。真正的和諧是尊重不同主張、不同意見的和諧。這種思想，我國在兩千多年前就已形成。東周時期，鄭桓公問史伯：周幽王有什麼弊端？史伯回答說：周朝最大的弊端是“去和而取同”。並說“和實生物，同則不繼”。“和”是多種聲音的整合，“同”則只有一種聲音的獨尊。所以孔子說：“君子和而不同，小人同而不和”。蔡元培是真君子，他有心靈原則，又深知原則如何實現。顯然，他意識到教育空間、文化空間是一種屬於所有人的公眾空間，它不像參謀部作戰室、外交部會客廳等此類只屬於少數人或只屬於政府、黨派的空間，它是不同立場的知識分子共享的、可以獨立思考、可以自由思想的空間，所以他尊重這種空間的特性，讓自己性格的亮光照耀了這種空間。

多年前，李澤厚先生和我在《告別革命》中就說，二十世紀是語言學的世紀（工具本體的世紀），二十一世紀將是教育學的世紀（人本體），即重新樹立人、塑造人、培育全面優秀人性的世紀。面對新世紀，我要在心靈的山頂上呼籲：讓我們高高、高高地舉起蔡元培靈魂的火炬。

二〇〇五年五月八日

（原載《明報》2005年6月11日）

第二篇

"五四" 啟蒙課題答問紀要
——答北京魯迅博物館姜異新博士問

訪談時間：二〇〇八年十一月六日

訪談地點：美國馬里蘭大學亞洲與東歐語言文學系

採訪者：姜異新，北京魯迅博物館副研究館員，北京師範大學文學院
　　　　博士後，約翰・霍普金斯大學歷史系訪問學者

　　（採訪者按語）在二十世紀八十年代的中國，很多青年讀着劉再復的《論文學主體性》而成為文學青年，很多學子讀着劉再復的《性格組合論》而走向人文研究，如今劉先生在海外從事漢學研究已二十年。置身於中西兩個截然不同的文化大環境，劉先生對人類精神史和文化中國的持續思索始終未間斷，並具備了更加開闊的比較視野。當"五四"新文化運動走到她的第九十個年頭，對於中國近現代知識分子提出的啟蒙、自由、人性等種種命題，獲得了複雜文化他者認識的劉先生又有怎樣的學術心得呢？在即將回國之際，有幸訪談到了劉先生，並很快收到他就訪談問題寄來的一摞手稿，在這個處處依賴電腦的數字化時代，還能見到散發着墨香的手寫稿，着實讓人感動不已。

一　關於啟蒙的反思與懷疑

姜異新（下稱姜）："五四"運動至今已經九十周年，今天再來回顧啟蒙，不是簡單的懷念，而是對啟蒙的反思，或者説對啟蒙的再啟蒙，您是"五四"新文化運動熏陶下長大的知識人，過去您在啟蒙問題上給國人帶來很多的啟發，今天，您對"五四"啟蒙又有什麼新的看法？

劉再復（下稱劉）："五四"時代是一個大社會、小政府的時代，一

個政治權力比較薄弱的時代,因此也變成一個思想開放的時代。儘管當時各種思潮(包括人道主義思潮、個人主義思潮、自由主義思潮、民粹主義思潮、社會主義思潮、無政府主義思潮等)並置,但第一思潮是注重個人、突出個體的個人主義思潮。其他思潮雖然"主義"不同,但有一個共同的啟蒙主題,就是喚醒每一個人的生命主權與靈魂主權。作為奴隸、作為牛馬沒有這種主權,作為國家偶像的器具、男權家庭的玩偶、宗法族群的子孫也沒有這種主權。"五四"啟蒙旗幟上正面寫的是"人"字,背後寫的是"己"(個體、個人、個性)。這一啟蒙內涵,與歐洲"文藝復興"運動的核心價值相似,但策略上卻相反。"五四"採用的不是"回歸希臘"的"復古"策略,而是"反古"策略:向中國古文化經典宣戰,旗幟鮮明地審判父輩文學與祖輩文化。如果説,西方"文藝復興"是個戀母(戀希臘)運動,那麼,"五四"則是個"審父運動"。而"五四"啟蒙家找到的父親代表——父輩文化代表是孔子。這些啟蒙先驅者崇尚的尼采宣佈的是"上帝死了",而他們自己宣佈的是"孔子死了"。這是一個驚天動地的劃時代的大事件。漢以後,唐、宋、元、明、清一千多年裡出現過李卓吾這樣的異端,但沒有出現過如此規模的、徹底的挑戰孔子的運動,很了不起。打倒孔家店的策略為的正是"人—個體"解放的目的。當我們明瞭這個歷史語境之後,再讀魯迅的《狂人日記》,就會讀出它是一部用文學話語寫成的呼籲生命主權的獨立宣言。

"五四"啟蒙運動的核心內容合符時代大勢,也合符人性,因此,"五四"精神將不朽不滅。但是,這一啟蒙運動過去九十年之後,我們回頭來進行冷靜地觀照,就會發現它的一些弱點。

　　首先，"五四"啟蒙家的眼睛幾乎一律是西方理念的眼睛。他們發現中國大文化中缺少理性邏輯文化，努力引入西方文明，這是大功勞，但是，他們看中國，尤其是看中國文化，使用的全是西方理念的參照系。使用這一新的參照系確實啟迪了中國人，但他們太徹底了，以至認定中國古文化一無是處，也沒有可開掘的有益於人的生命主權與靈魂主權的任何資源。他門一味"刨祖墳"，但祖墳中除了"屍骨"之外難道什麼都沒有嗎？先不說從《山海經》到《紅樓夢》這一重個體、重自由的系列，就以他們要打倒的孔子來說，其儒家體系也有表層內涵與深層內涵之分，揚棄其表層的束縛人性的意識形態和行為模式（如"非禮勿視"與"三從四德"等）之後，可以看到它的深層哲學，則是一套提高人在宇宙中的地位的哲學，它的不仰仗上帝肩膀而仰仗自身肩膀"自強不息"的精神和重視人際溫馨、調節人際關係的道理也絕對有它的合理性。中國文化歷經數千年的顛簸而不會滅亡，關鍵性的原因是它的深層內涵具有合理性，即合目的性——合人生存、溫飽、發展的總目的。"五四"過後。周作人講述中國文學的淵源，特別肯定明末的真性情文字。魯迅講述"魏晉風度"，特別讚賞嵇康人格和魏晉異端，我們不妨把它視為這是啟蒙者們在修正自己的偏頗。

　　第二、"五四"啟蒙者儘管以西方理念為參照系，但對參照系本身的哲學內涵和整個精神內容都未能充分把握。就以"個人主義"而言，當時胡適雖有些界定，但仍然是初步的。李澤厚先生和我在《告別革命》的談話錄中，有一節講"個人主義在中國的浮沉"，已作了些說明，歐洲個人主義思想系統，英國強調的重心與法國強調的重心很不相同。洛克（英）等強調的是自由；盧梭（法國）等強調的是"平等"，中國接受的是盧梭而不是洛克，因此只重人身解放，不重思想自由。而對於尼采，啟蒙家們把它作為旗幟，這無疑是強大的旗幟，但是尼采是歐洲貴族文化傳統的護衛者，用他來打擊奴隸精神很得力，用它來推動"平等"與"博愛"則文不對題。

第三，與前述相應，"五四"啟蒙因太匆忙，並沒有留下啟蒙思想的深厚的經典文本。或者説，根本就沒有現代經典意識。胡適説當時的啟蒙者是"提倡有餘，建設不足"，倒是大實話。魯迅在《中國小説大系二集》的序言中説他的小説體現了"五四"新文學運動的"實績"，這也是實話。除了魯迅的小説《呐喊》與《彷徨》，其他人的著作，均稱不上經典文本。胡適的《嘗試集》相當幼稚，其《白話文學史》也很粗糙。只能肯定其"開風氣"的功勞。幸而有魯迅的著作在，否則"五四"就如同"後現代主義"思潮，只有解構，沒有建構；只有破壞，沒有建設；只有理念，沒有審美成果。

這裡我順便講兩點與我們的論題相關的思考。一是西方解構思潮；二是啟蒙觀念本身。從十九世紀末期到二十世紀，西方發生過兩次大解構思潮。第一次是尼采（他於1900年去世），他是對柏拉圖以來的理念體系和基督教體系的解構，其思想的力量可謂力透金剛，但是他本身的著作是個巨大的建構。而第二次則是發生在二十世紀六、七十年代而延緩至今的"後現代主義"思潮。這一思潮的前身是現代主義（尼采也是始作俑者之一），然而，現代主義與後現代主義完全不同。現代主義有大建樹，有創造實績。"後現代主義"則屬革命思潮，只解構前人創造的經典，自身則缺少經典文本（福柯、德里達的一些著作雖也可取，但比起尼采則是霄壤之別）。我把“五四”新文化運動也看作是一個大解構運動，解構孔子，解構儒家經典，解構宗法禮教，很有氣勢，但從建構的角度看，文學上還有若干經典文本，而人文科學方面，則幾乎沒有一部可站立於歷史舞台之上。因此，“五四”新文化運動啟蒙的核心內容，其突出個體生命權利的思想就很脆弱，根本不堪一擊，後來很快就被集體主義思想所取代，“己”迅速地被淹沒於“群”中，個人主義糊裡糊塗地變成罪惡思想而被消滅，也就可以理解了。第二點是想說明一下，儘管我肯定“五四”啟蒙的功勳，但又認為，作家和思想者不一定要扮演啟蒙者的角色。文學與哲學是充分個人化的精神活動，它的原創性來自超越平均數與大多數的水平線。而啟蒙則以喚醒大眾為目的，大眾只需要平均數和實際利益，不需要創造性的真理，因此，思想家與大眾總是發生衝突。蘇格拉底不是被專制權力處死的，而是被大眾處死的。這是一個永恒的寓言。魯迅後來陷入孤獨與絕望，恐怕也是他的聲音大眾根本聽不懂。我個人認為，一個作家只有放棄啟蒙大眾的企圖，才有精神自由。

二　現代啟蒙有無獨特的話語譜系

姜：在中國，自由、啟蒙、理性、革命等等很多話語都是由西方思想史中來的，它們始終是在與基督教的持續爭辯和對話中產生的，而當中國近現代知識分子將這些話語與自身的民族危機聯繫在一起，將之作為中華民族尋找出路的思潮支持的時候，卻幾乎無視與它們持續對話的基督教文化背景。實際上，“五四”時期，基督教文化與現代理性啟蒙這兩個對立的思潮在國內幾乎同時形成了引介的高潮,您如何看待這種狀況?在沒有上帝的語境下,或者說在沒有大宗教背景的情況下,您認為中國的近現代啟蒙有自己獨特的話語譜系嗎?

劉:這個問題提得極好,你自己很有研究才能提出。今天我不一定能回答得好,但以後可以再深入思索探究。

探討中國問題,特別是近現代中國問題,注意中國和西方不同的大文化背景,極為重要。西方各種思想、思潮,儘管差異很大,但都有一個宗教背景,包括持守反基督教立場的思想家,其思想、言論和精神價值創造,也離不開宗教背景。沒有宗教背景的論辯,只能是膚淺的論辯。文藝復興運動是擺脫中世紀宗教統治的運動,人的解放,其對立項是神的禁錮。後來的啟蒙運動和運動中產生的自由、平等、革命等,也如你所說的,是在與基督教的持續爭辯和對話中產生的,從斯賓諾莎到尼采,都是宗教的異端。中國近現代知識分子引入西方的啟蒙話語時,的確幾乎無視基督教文化背景。"五四"啟蒙運動前前後後,固然是把雅典(理性文化)和耶路撒冷(基督教神性文化)同時引介,但重心是雅典而不是耶路撒冷。當時的啟蒙先驅者只是發現中國文化中柏拉圖(理性、邏輯文化)的闕如,並不在乎基督的缺席。他們在倡導賽先生(科學)、德先生(民主)時,鞭撻的對象是儒、道、釋合流的中國教義而非基督教義,但這不是對基督教的認同,而是把基督放在可有可無的無關緊要的位置上,儘管有冰心、許地山等蘊含某種基督精神的作品,但其愛的聲音均十分微弱。於是,"五四"啟蒙便發生一個體用分裂的現象,即在"用"的層面上鼓吹民主的時候,卻全然不知道歐美的民主有一個"體"的支持,這個“體”就是基督教文化。如果沒有在神面前人格平等的“根本”精神的支撐，如果高唱民主的志士自身佈滿專制細菌，他們建立的民主秩序怎能不變形變質。一個離基督很遠的專制人格所主宰的“天國”最終恐怕只能變成地獄。五四新文化運動中的科學、民主、啟蒙、理性等理念顯得格外脆弱，民主也屢屢變質，就因為各種牌子的民主都找不到一個堅實的“體”來支撐。這也是對你的第一個問題的補充回答。

　　但是，在沒有上帝的語境中，中國的啟蒙者還是努力尋找自己的啟蒙話語。魯迅對陀思妥耶夫斯基的態度，可視為一個象徵。魯迅一面讚賞陀思妥耶夫斯基開掘“靈魂的深”，另一面又說自己終於無法走入他的世界，因為他知道這兩種文化的差異太大。他說：“在中國，沒有俄國的基督。在中國，君臨的是禮，不是神。”（《且介亭雜文二集·陀思妥耶夫斯基的事》）魯迅非常清醒地看到中西文化的差異，而且一語中的地道破中國文化是以“禮”取代“神”的文化。其實，整個中國文化系統都是“無神論”文化。儒以禮代神，老莊以道代神，禪則以覺代神。中國文化本就是在人格神缺席的語境下創造了自己的話語譜系。古代是這樣，近現代也是這樣。魯迅的許多話語都是面對“禮”而發的，他在對中國禮教的深刻批判中形成了自己的一套獨特的思想和語言，完全不同於陀氏的語言。從《狂人日記》開始，他所聲討的“罪”——吃人的罪，就不是基督教教義中的原罪——離開天父之罪，而是另一種“原罪”：地父的罪，父輩文化的罪。魯迅和其他啟蒙者發現的第一罪人正是自己的父親（父輩文化）。這種發現和以後的闡釋，使“五四”新文化運動的話語譜系和西方的話語譜系完全不同：中國講的是歷史之罪；西方講的是存在之罪（人一存在就帶上罪）。中國現代文學所以沒有懺悔意識，就因為從不體認自己的良心責任，把罪全歸於"歷史罪人"，"五四"時歸於第一罪人"父親"，三十年代（左翼文學）則歸於第二罪人"地主資本家"。這兩次"歷史罪人"的發現，形成中國近現代文學很獨特的話語譜系。我和林崗合著的《罪與文學》對此有較細緻的說明。未能體認自己良知上的罪，在審判社會的時候缺少審判自身的意識，使我國的現代文學缺少靈魂的深度。但是，也有可取之處（也許有些朋友恰恰認為不可取），這就是沒有基督教的"忍從"。陀思妥耶夫斯基不僅要返回苦難，擁抱苦難，忍受苦難，最後甚至把"苦"當作"樂"，即把苦難作為走上天堂的階梯，但以魯迅為符號的現代作家無法接受這種思路，他們的話語核心是要反抗壓迫，反抗黑暗，反抗地獄統治者製造的各種苦難，他們正視慘淡的人生、淋漓的鮮血，以打破"黑暗的閘門"為己任。魯迅一整套思想正是在上帝寬恕、反對安貧樂道、主張報復、主張熱烈擁抱是非的話語譜系，就是在上帝缺席的條件下形成的。我認定，這套話語具有很高的價值，但不可以把它上升為社會人生的普遍原則。

中國近代啟蒙者大體上有不同的兩翼。一翼是西化派，一翼是民粹派。這種劃分也許過於"本質化"，但能使我們的講述方便一些。前一翼是嚴復、康有為、梁啟超、胡適等，後一翼則是章太炎、李大釗、毛澤東、梁漱溟等。兩翼都沒有上帝的背景。你所說的"獨特的話語譜系"如果可以理解為原創性思想的話，那麼，我認為，真有原創性的思想家與作家並不多。上邊所列的這些啟蒙家的名字，我們在講述他們時有個困難，就是他們實際上處於許多層面，有政治史層面，有思想史層面，有學術史層面，有哲學史層面，有文化史、文學史層面。有些人在政治史上是一流人物，如孫中山，但在思想史上，他則説不上有什麼深刻的話語。有的人在學術史上是一流人物，如錢鍾書，但在思想史上則不必硬給他什麼地位。從啟蒙的角度上説，康有為的思想有原創性，而梁啟超的原創話語則不多，但其影響力則非同小可。現代新文化諸主將，具有原創的話語譜系的是魯迅，而陳獨秀、胡適則如梁啟超，社會影響力極大，但原創的思想也嫌太少。二十世紀上半葉，有些很有才能的思想者，如梁漱溟、熊十力等，也努力開掘故國的文化資源，想建構一套自己的話語體系，可惜時代的大潮流打斷了他們的思索，其學術人生帶有很大的悲劇性。

三 "五四"若干主將的不同思路

姜：過去談論"五四"新文化運動，學界喜歡談論周氏兄弟、陳獨秀、胡適等的共性，能否談談他們的差異，或者説屬於個人的獨特的啟蒙思路？

劉：魯迅、周作人、陳獨秀、胡適這四位，是"五四"新文化運動的主將，啟蒙大潮的旗手，四位缺一不可。但他們四個不僅個性有很大的差別，而且啟蒙的方式與思路也很不相同。如果繼續用回答你前一個問題的語言，把"五四"視為與世界現代思潮相交匯的一部分，那麼，可以説，魯迅抓住的是尼采；胡適抓住的是易卜生（後來還有杜威）；陳獨秀抓住的是馬克思；周作人抓住的是希臘、日本等國的新知識。陳獨秀創辦《新青年》發表《文學革命論》、《偶像破壞論》

等，入手是文學，但關注的是政治，因此，他不僅是新文化的領袖，而且成為新政治的領袖。和陳獨秀相比，個性與文字最溫和、最"不政治"的是周作人，而他最後卻被政治所吞沒而形成巨大的個人悲劇。他在抗日戰爭中為敵國服務的拙劣表現所造成的失節行為，是個鐵鑄的歷史錯誤，無論作怎樣的辯護，都難改其錯誤性質。因為這不是意識形態問題，而是承認不承認道德絕對性的問題。如果我們懸擱他的個人歷史整體，僅着眼於"五四"，那也應當說，他的文章的力度與深度也遠遠不如魯迅，儘管那時他是"五四"人文主義的第一闡釋者和旗幟，其名聲和影響比魯迅還大。兄弟之差，最重要的原因是魯迅抓住的是敢於宣佈"上帝死了"力拔山兮的尼采，而周作人抓住的只是一些新知識，博是博了，但不深，也沒有力量。尼采很豐富，他在二十世紀的負面影響很大，以至被納粹所利用，但他又是歐洲現代主義思潮的哲學源頭。沒有尼采，就沒有荒誕體系（包括荒誕意識與荒誕文學）的誕生。"五四"時，魯迅抓住尼采來反奴性，反浸入到民族骨髓深處的奴性，氣勢非凡。我自己私下認定（沒有公開發表文章），魯迅的兩篇代表作，《狂人日記》寫的是尼采的超人——狂人即超人；《阿Q正傳》寫的是尼采的"末人"——阿Q即末人。魯迅的小說、散文，特別是《熱風》、《野草》，其文體可視為尼采的文體。尼采沒有一部著作是用西方傳統哲學方式表述的。他顯然刻意打破體系，以讓思想更自由地噴發。魯迅也是如此。如果千百年之後，抹掉魯迅的名字，在《熱風》、《野草》上署下尼采的名字，恐怕有許多人會信以為真。李澤厚先生用"提倡啟蒙、超越啟蒙"八個字來描述魯迅，非常恰切。魯迅抓住尼采，就一定會超越中國啟蒙內涵，進入形而上的現代思潮。與魯迅相比，陳獨秀、周作人、胡適都沒有完成這種超越，就進入不了現代形而上的大孤獨與大苦悶。周氏兄弟、作為兄長的可稱為思想家，作為老弟的周作人則始終是舉辦知識、書本博覽會的文人。前者揚棄了中國舊文人的所有習氣，而後者則滿身是舊文人的氣味。與魯迅相比，胡適抓住易卜生而宣揚個人主義，也相當準確。他在"五四"新文化運動中，是語言形式革命的第一小提琴手，但他真正擅長的不是文學，也不是思想，而是學問，他自稱有"歷史癖"，在考證上也有成就，但思想的力度與深度與魯迅相去很遠。他只走到呼籲娜拉走出去（個性解放）的層次，提不出魯迅的問題："娜拉走後怎麼辦？"更不能像魯迅那樣面對中國歷史文化和現實黑暗作出那種深刻的前所未有的批判。魯迅可以構成二十世紀世界現代主義思潮的一部分，而胡適則不能，用"構不上"與"夠不上"均可。還有一點，胡適雖是文學改良的戰將，但文學感覺很差。他考證《紅樓夢》有成就，卻認為《紅樓夢》不如《儒林外史》甚至不如《海上花列傳》，真是莫名其妙。不過，胡適本人的自由主義作風，有成就而不稱霸、不罵人的作風，則是二十世紀中國所缺少的。他與蔡元培的兼容作風和寬厚情懷，屬沒有文字的行為語言，具有很高的啟蒙價值。在一個充滿人格專制的國度裡，這種作風值得我們懷念。

從"作風"着眼，是一種倫理主義評價。如果從歷史主義角度評價，則應當承認，"五四"這些啟蒙先驅者，從不同方面影響了二十世紀中國的社會風貌尤其是精神風貌。陳獨秀推動和影響了社會主義思潮，胡適推動和影響了自由主義和個人主義思潮，周作人推動和影響了人文主義思潮，魯迅則通過他的大於各種主義的文學精神內涵，推動和影響了人文主義、人道主義、個人主義甚至是社會主義思潮。

四　清華諸子也屬新文化範疇

姜：您認為中國現代新文化運動史的敘述，不應只講北大，不講清華，兩者雖有激進與保守之分，但都在為中國新文化奠定基石。應當把與五四主潮（北京大學為中心的陳獨秀、胡適、周作人等）之外的具有不同理念的清華大學學者的人文論述（包括王國維、梁啟超、吳宓等）納入新文化的範疇。能否具體談談他們共同呈現的是一個什麼樣的多元文化景觀？

劉："五四"新文化運動的中心是北大，陳獨秀、胡適、周作人都屬北大，這一點無可爭議。但清華總是被視為新文化的對立面，卻不公平。錯覺的原因是因為清華大學國學研究院的三個代表人物梁啟超、王國維、吳宓均是保守派。尤其是吳宓，他和劉伯明、梅光迪、柳詒徵、胡先驌等先生創辦的《學衡》被視為《新青年》和新文化的反動。其實，吳宓編輯《學衡》雜誌期間（從1921到1924年）身在南京東南大學。直到一九二五年初，他才被聘到清華大學研究院國學門（通稱"國學研究院"）。不過，他是一九一七年由清華留美預備學校派往美國學習的，因此被視為清華文化的一個符號，也理所當然。在吳宓的主持下，一九二五年梁啟超被邀擔任研究院導師（於1928年夏季辭去職務）。同年，王國維也受聘於研究院，並攜全家遷居於清華園，兩年後自殺前留下的遺書囑家人把他"行葬於清華園塋地"。與王國維相比，梁啟超更早就和清華有關係。一九二〇年，他結束了歐洲之旅（從1918年年底開始，和丁文江、張君勱、蔣百里等同行訪問了英國、法國、比利時、荷蘭、瑞士、意大利、德國）返回到中國不久，就到清華講述"國學小史"，一九二三年又再次到清華講學。由於梁啟超訪歐時親眼目睹西方的社會危機，因此回歸故國後在上海吳淞公學發表演説並寫了一些文章，認為中國數十年來一味效法西方，終歸失敗，並認為中國不可以照搬西方的議會制。在新文化運動熱潮中，他發表這些意見，便被誤認為是反新文化的保守派。梁啟超被視為文化轉向，王國維被視為擁護張勳復辟的遺老，吳宓被視為《新青年》的唱反派，於是，清華就被剔除於新文化的範疇之外了。我現在為清華請命，提出問題，是從兩個層面着眼。

　　第一，是把"中國現代新文化運動"這一範疇和"五四新文化運動"分開，把"五四"新文化運動視為中國現代新文化運動的一個部分，突出的、走向巔峰的部分。"五四"之前，晚清有個維新思想運動，這也是現代文化的一部分。可以説，中國現代新文化運動從一八九八年嚴復發表《天演論》和康梁維新運動前後所發表的一系列論著，就拉開了新文化運動的序幕了。所謂新文化，乃是與中國故有文化相區別的帶有異質的文化，即以西方理念為參照系的文化。梁啟超提倡新小説，改變了中國文學史把小説視為邪宗的觀念，便是新文學革命的先河，而他在史學上用進化史觀取代循環史觀，哲學上介紹霍布士、笛卡爾、洛克、康德等西方大哲（參見《西儒學案》），這也是"五四"的先聲。王國維介紹康德、叔本華等也應作如是觀。梁啟超把甲午海戰前前後後的"接受歐人深邃偉大之思想"（王國維語）的潮流，稱作"晚清之新思想運動"，我們把這一新思想運動視為"五四"新文化運動的前奏與序曲,並不唐突。胡適、魯迅這些"五四"健將無一不受其影響。胡適自己説,連他的名字都是在"適者生存"潮流下的產物。魯迅則説他在水師學堂裡最快樂的事是吃辣椒、剝花生米、讀《天演論》。

梁啟超認為,晚清新思想運動的主體不是西洋留學生,他説:"晚清之新思想運動西洋留學生殆全體未嘗參加,運動之原動力及其中堅乃在不通西洋語言文字之人",所以他責備説:"疇昔之西洋留學生,深有負於國家。"他大約沒想到,正是這些西洋(還有東洋)留學生,發動了另一種規模的新文化運動,把啟蒙的重心從"新國民"(群)移向"新個人"(己),而在運動興起之時,他已踱入研究室寫他的《清代學術概念》。儘管他對西洋留學生早有微辭,對以留學生為主體的"五四"新文化運動也不介入,但他畢竟為這個大運動開闢過道路。儘管此時他的思想已回歸傳統,立於保守之地,但敘述中國現代新文化史,都離不開身在清華的先覺者的名字。

第二,在"五四"運動中,胡適與吳宓的對立,《新青年》與《學衡》的對立,魯迅對《學衡》的批評,使吳宓被本質化為反新文化的符號,這也是不妥當的。我這麼説,本需用論文形式來論證,但我已"返回古典",不想再進入這一論題。今天只能簡單地講講。首先,我認為胡適與吳宓都是美國留學生,他們都在美國接受新文化、新思潮,只是接受的是不同學派的不同思想,胡適傾心的是詹姆士、杜威的實用主義和科學方法,吳宓則師從白璧德(I. Babbit)。杜威實用主義理念所派生的"學校如社會"的教育思想,在美國影響極大。這種思想的正面影響是使學生不會當書呆子,負面則是不重系統的知識灌輸和"德育"建構，而身在哈佛大學的白璧德則強調"紀律"（規律），強調"規範"，包括講文學紀律、文學規範，本就保守一些。吳宓在《學衡》雜誌中，曾對白璧德及穆爾的人文主義思想做了認真的評介。這些評介，當然是新文化。此外，吳宓還用西方的宗教理念和哲學理念解釋《紅樓夢》，我曾引述過他的論述，其理念與方法都很新鮮。特別應當提起的是蔡元培先生倡導的"美育代宗教"的思想，在清華有兩個同道，一是王國維一是吳宓。關於這一點，已故哲學家和西方哲學翻譯家賀麟先生曾做過公正的評價，他説："……從文化價值的觀點，特別提倡美育或藝術，以作新文化運動時期，介紹新文化，改革舊思想舊道德的重要指針的人，當推蔡元培先生。蔡先生力主以美育代宗教，已揭示了西洋近代宗教藝術與宗教，同樣做有力提倡，見到二者貫通一致，相互為用的地方的人，我們應舉吳宓先生……吳先生所謂'藉幻以顯真'，意思實與蔡先生'藝術所以表現本體界之現象'相通。現象屬幻，本體屬真。吳先生所謂'由美而生善'，與蔡先生認為美有增進超功利的道德之作用，甚為相符。不過吳先生對於宗教價值之尊崇，認藝術為方法，宗教為目的之説，便超出了蔡先生所處的啟蒙時代的思想了，至於吳先生認政治實業等皆須有宗教精神充盈貫注於其中的説法，尤值得注意，蓋依吳先生之説，則宗教精神不一定是中古的出世的了，而是政治實業，換言之，近代的民主政治，工業化的社會所不可少的精神基礎了。德哲韋伯於其宗教社會學中，力言歐美近代資本主義之興起及實業之發達，均有新教的精神和倫理思想為之先導，吳先生之説，實已隱約契合韋伯的看法了。"（〈西方哲學的紹述與融會〉，《賀麟選集》第370－371

頁，吉林人民出版社，2005年版）吳宓先生無論是努力評價白璧德、穆爾的人文主義思想，還是譯述Heornle的《神、心靈、生命、物質》一書，或是講美育、釋《紅樓夢》，都進入到世界西方新思潮的深層，我覺得應把這些深層論述列入“五四”新文化的內涵。陳寅恪先生在王國維基碑上的題辭是：“獨立之精神，自由之思想”，這正是世界新文化的核心內容。擁有這種精神與思想的王國維、吳宓等清華學人，他們在中國現代文化史上應有重要的位置。

五 《紅樓夢》是“五四”的先聲

姜：在最近寫的《“五四”理念變動的重新評說》一文中，您認為“五四”運動的三大發現，也就是周作人提出的“人的發現”、“婦女的發現”、“兒童的發現”，曹雪芹早就完成了，應把一九○四年王國維所作的《〈紅樓夢〉評論》視為新文化的先聲。能否具體談談這一問題。您是否認為中國現代文學的起源因此也應該重新追溯？

劉：周作人提出的三大發現，在“五四”時期係集體發現，並形成了一個運動。而作為個體個人，曹雪芹早就發現了。他發現每一個個體都有價值，所以未界定任何一個生命是絕對壞的壞人，連讓人最厭惡的趙姨娘，寶玉也從未說過她的一句壞話，他遠離她，是出於本能，並非出於仇恨。《紅樓夢》發現婦女特別是發現青春少女是天地鍾靈毓秀的結晶，是美的象徵，宇宙的本體，淨水世界詩國的主體，這種發現帶有徹底性，因此舉世無雙。而發現兒童則常被論者忽略。其實，對主人公寶玉的描述是從娘胎裡開始的（胎中的玉石更久遠），而在一周歲的時候，他面對慶祝周歲的滿目物件只抓住胭脂釵環，便寫出他的性情，後來他第一次見到黛玉，實際上已進入戀情，也才七、八歲的光景。他和黛玉、寶釵及其他女子的很長的一段故事，也包括他上學讀書的友情故事，都是童年的歷史。曹雪芹發現兒童不僅有天真，而且是天才。常人只知童言無忌，曹雪芹卻發現童言乃是天言天語──宇宙之語，往往一鳴驚人。“男人泥作，女子水作”，“女兒”二字比元始天尊、釋迦牟尼還尊貴，都出自兒童之口，皆是一掃千百年陳腐舊見的天才之音。關於這些發現，我在《紅樓四書》中已有論述，這裡簡要地再提一提，是為了說明曹雪芹是中國“人、女子、兒童”生命價值的第一發現者。我認為應把王國維於一九〇四年所作的《〈紅樓夢〉評論》視為新文化的先聲，其理由：一是他把擁有三大發現內涵的《紅樓夢》作為中國文學的典範推向歷史平台；二是他第一個抓住叔本華哲學，並用它來闡釋《紅樓夢》，而叔本華和尼采，是整個世界現代思潮的始作俑者，或者說，是現代思潮的哲學動因。十九世紀下半葉，德國是現代思潮的故鄉。叔本華哲學揭示人的無法克服的生命意志所造成的悲劇循環，實際上說明了人的生命不是上帝可以掌握的。人的生命內部的魔鬼──慾望，恰恰主宰着人的生命方向並造成人生的無可逆轉的悲劇性。

“五四”是中國的現代思潮，當時高舉的是尼采、易卜生的旗幟，而王國維在這之前，舉起的是叔本華的名字，因此，可以把他視為新文化的先聲。也就是說，以王國維為起點，中國的知識人已經終結了南北文化交融的思維方法，開始了“中西文化匯合”的思維方式了，已經藉用西方的現代參照系來看中國文化了。如果我們不是用群體運動視角，而是用個體生命創造的文化發生學的視角，那麼，新文化的緣起，應追溯得更遠。

六　關於魯迅的新認識

姜：您是魯迅研究的奠基者，曾著有《魯迅與自然科學》、《魯迅傳》、《魯迅美學思想論稿》等，影響很大。儘管這些年來沒有專門的有關魯迅論著出現，但您仍然關注着魯迅研究，思索着魯迅的種種命運，能否談談您來美這些年來對魯迅的思考的新收穫？在闡釋框架上與以前相比有什麼新突破？

劉：出國後我只寫過《魯迅研究的自我批判》、《中國現代文學的奇跡與悲劇》和《論魯迅本色》等兩篇文章和一個訪談錄，還和李澤厚先生作過一個"魯迅與胡適比較"的對話。第一篇是在東京大學學術討論會上的講稿；第二篇是在新加坡實驗戲劇學院上的講稿；第三篇是答香港《城市文藝》編輯部問，都不屬專著，只是思考。不過，放下論文的框架，倒是使思想更為明晰地表述。

　　一九九一年我在東京所作的自我反省，是表明在海外思想自由的條件下，我將放下以往流行的"二三模式"，即兩段論（前期進化論後期馬克思主義階級論）和三個帽子（革命家、思想家、文學家）。揚棄兩段論本質主義的劃分，可以更真實地面對魯迅本來豐富的、多面的、複雜的存在。這既能充分開掘前期（非馬克思主義）的巨大思想深度，排除用庸俗階級論去觀照阿Q等形象，又能充分揭示魯迅後期在國際左翼思潮勃興的語境下矛盾痛苦的內心，也能解釋一個所謂馬克思主義者何以如此無情地鞭撻農民革命領袖張獻忠等。揚棄三頂帽子，主要是去掉"革命家"的帽子，仍然確認魯迅是具有巨大思想深度的文學家、中國現代文學的首席作家和通過意象表述歷史認識與現實認識的思想家。給思想家的前邊加上定語，是為了說明魯迅的本色是文學家,他的深刻思想是由精彩的意象和濃烈的情感傳達的,因此不可把他的文學語言上升為普遍的理性原則,以免使魯迅繼續淪為歷史傀儡和政治器具。去掉他的"革命家"帽子也是為了避免這種悲劇,而魯迅本身在客觀上也並非革命家。關於這一點,我在東京大學的講演中曾以魯迅總結辛亥革命失敗的經驗為例,說明他對革命的思考未必抵達"革命家"的高度:

　　魯迅提出"痛打落水狗"的命題是從辛亥革命失敗的教訓中總結出來的;他認為辛亥革命的教訓是革命不徹底,即不能痛打落水狗。因此,今後的出路應當用另一場更徹底的革命來代替這場不徹底的革命。這種思路是當時一些激進知識分子的共同性思路,這種對辛亥革命教訓的總結帶有很大的片面性。事實上,辛亥革命之後所以會造成帝制復辟等問題,不能說革命不徹底,而是革命方式本身所造成的後遺症。作為暴力革命的辛亥革命和中外歷史上許多暴力革命一樣,在推翻舊政權之後,不能提供新的政治框架,這就造成革命後的政治真空(也就是後遺症),而填補這種政治真空捨再次專制別無出路,這才是問題的所在。可惜,當時魯迅和其他激進知識分子看不到這一點,所以就以造成後遺症的藥方(革命)醫治後遺症,結果便使革命藥方不斷加濃、加重、加劇(越來越徹底)。

　　　　　　　　　　　(《放逐諸神》第238-239頁,香港天地圖書公司,1994)

　　放下"進化論"、"階級論"、"革命家"這些本質化的概念,不是貶低魯迅,而是還以魯迅一個豐富的充滿矛盾的真實存在。所以我在前年答香港《城市文藝》編者問時，特別強調魯迅是個矛盾體。
這段講述是這樣的：

　　說他豐富複雜，是指他的生命整體是個巨大的矛盾體，其生命
場是個巨大的張力場。你說他是啟蒙家，不錯，可是，他又偏偏超越
啟蒙，成為中國現代作家中唯一有現代感、唯一叩問存在意義的先鋒
派，《野草》就是明證。然而，我們又不能把超越啟蒙具有形上意味
這一面過分渲染，以為魯迅就是克爾凱戈爾，就是陀思妥耶夫斯基。
其實，他根本就不想進入陀氏的靈魂磨難的世界。他有時非常形而
上，非常虛無，有時又非常形而下，非常實際。他公開宣稱編講義
是"為吃飯"（《集外集續編·廈門通訊（二）》），寫文章就是為
了餬口，並非為了什麼革命大業。他有時非常關心民瘼、關懷社會，
很"人道"，有時又想"躲進小樓成一統，管他冬夏與春秋"，很個
人化。正如他自己所說的，常在個人主義與人道主義之間擺動。他討
厭莊子的無是非觀，寫了《起死》嘲諷他，其厭惡情緒波及到施蟄存
先生，可是他又承認自己中了莊周的毒，有時很隨便，有時很峻急。
在中國現代作家中，沒有一個像他那樣能說出"唯虛無乃是實有"的
話，具有那樣刻骨銘心的空無感，也沒有一個作家像他那樣重視"吃
飯哲學"。當"五四"新文化運動高舉易卜生的"娜拉"名字時，唯
有魯迅最清醒，他提出"娜拉走後怎麼辦"的問題。婦女解放、個性
解放的"模範"娜拉，她告別丈夫走出家門後，靠誰吃飯，靠什麼吃
飯？沒有飯吃，哪來的自由？《傷逝》裡的子君，就是中國的娜拉，
她的悲劇不正是沒有飯吃而保不住情愛的悲劇嗎？魯迅臨終之前，還

叮嚀不要讓孩子充當空頭文學家，也就是不要當只會唱高調、一點也不正視社會根本的空談家。

　　這段話，包含着我對魯迅的基本認識和對他極高的評價。這一認識用魯迅自己的話說，是在個人主義與人道主義之間起伏擺動，用我的語言則是現實主義與現代主義之間徘徊徬徨。他是一個偉大的現實主義者，所以正視黑暗，正視苦難，介入現實，擁抱現實，是社會變革的啟蒙者，他的《吶喊》、《彷徨》和無比犀利的散文都是二十世紀啟蒙的最強音。而他又是中國現代作家中唯一有深刻現代感的"特例"。我認為，十九世紀末期和二十世紀上半葉，西方的現代主義思潮是個重大的很了不起的思潮。從廣義上說，尼采、叔本華、愛因斯坦、弗洛伊德、柏格森等，都可以劃入這一思潮。從狹義上說（即從文學藝術角度上說），則是卡夫卡、喬伊斯、貝克特、弗吉尼亞、沃爾夫、龐德、艾略特等一群天才作家繼文藝復興之後第二次對人的巨大發現，此次發現，與第一次發現人的精彩、人的崇高不同，它是對人的荒誕、人的無意義的發現。這一發現，不僅有理念，而且有巨大的建樹。就以喬伊斯的《尤利西斯》而言，其語言的密度及心理含量，幾乎達到了極限，僅讀中文譯本，就會驚訝不已。還有那些荒誕小說與荒誕戲劇以及艾略特的"荒原"等，年輕時讀，覺得他們在"搞笑"，經過文化大革命和各種苦難之後，也就是自己經歷了荒誕的境遇之後，才深深感到共鳴，聽懂這些天才作家的心聲。現在讀魯迅的《野草》，覺得它就是東方的《荒原》（艾略特），讀《阿Q正傳》，覺得它就是中國的《變形記》（卡夫卡），兩者都可視為精彩的現代主義荒誕作品。魯迅當時並沒有意識到歐洲這股現代主義思潮,但他憑藉自己的天才直覺,也憑藉他抓住西方現代主義思潮的第一文本——尼采,發現了中國國民性中的大荒誕,不可理喻的價值顛倒。這個阿Q形象,其蘊藏的文化含量,尤其是荒誕含量,足以和西方現代主義思潮中的任何一部經典作品鼎足而立,我覺得,除了羅曼·羅蘭,中外文學研究家都沒有發現阿Q的巨大荒誕內涵,但在時間繼續推移之後,去掉世界文學史描述的偏頗,也許會發現,產生在二十年代的中國《阿Q正傳》,正是現代主義的一個經典文本,一個不能不面對的特例。魯迅的天才,不僅他是東方現代主義寫作的"個案",在思索與寫作中抵達西方現代主義諸家同樣的深度,而且他又在潮流之外,不同於這一光輝群落,既不同於尼采、克爾凱戈爾這些哲學家,也不同於卡夫卡、喬伊斯、貝克特、艾略特等文學家。他在孤獨感中注入了巨大人道關懷和現實憂患意識,他的大苦悶,既是個人靈魂的苦悶,又是民族集體出路的苦悶。其作品乃是雙重"苦悶的象徵"。關於這一點,我在回答香港《城市文藝》編者問時已涉及,不妨引述一段:

　　西方思想者,不管他們的思想有多大的差異,但都有宗教大背景,所以他們的"個人主義",便連帶着個人靈魂拯救的問題。克爾凱戈爾和陀思妥耶夫斯基的焦慮,不是魯迅那種在很個人化時還有吃飯問題(人道關懷)的焦慮,而是靈魂如何解脫與飛升的焦慮。可是,魯迅不管怎麼形而上,卻始終關心一個"肉"的解放問題,一個"人"的生存問題即社會合理性和人道主義問題。所以他無法接受陀思妥耶夫斯基那樣通過"肉"的磨難而達到"靈"的拯救的思路。儘管魯迅知道把這種思路帶入文學,會使文學獲得靈魂的深度和崇高感。在陀氏看來,只有在地獄（苦難）中忍從，才能走向天堂，苦難本身就是天堂的階梯，甚至苦就是樂，這種東正教邏輯，魯迅是絕對無法接受的。所以他只能擔當揭露苦難、反抗苦難、拆毀地獄的角色，對於維護地獄的各種鬼蜮，一個也不寬恕。魯迅的孤獨感，不是被上帝拋棄後的孤獨，不是失去精神家園的孤獨，而是面對麻木的社會，他的吶喊無人回應的孤獨。夢醒了，但醒後無路可走。他想改革，但積習太深的國民根本無法理解改革的真正內涵，他所要啟蒙的民眾，靈魂離他太遠了。

（《思想者十八題》第341頁，香港明報出版社，2007）

　　我用"現實主義"和"現代主義"的矛盾來描述魯迅，正是看到魯迅的現代主義既超越了現實主義，又看到他在現代主義中蘊含着非常深邃的現實關懷。就魯迅人生整體與文學整體而言，他實際包含着三部曲：一是進入啟蒙（現實主義的《吶喊》）；二是跳出啟蒙（寫作《野草》等現代主義孤獨感作品）；三是回歸啟蒙甚至救亡（後期重新熱烈擁抱現實是非並進入左翼思潮）。他不是西方那種純粹的個人主義者和現代主義者，而是個人主義和人道主義不斷交織，現代主義與現實主義不斷融匯的生命。正因為他不純粹"個人"，又不離中國現實，所以才產生如此巨大的影響。不過，對於魯迅這樣一個豐富、複雜的精神存在，用"主義"來描述，總覺得未能"盡興"，但在找到更貼切的語言之前，也只能如此了。

七　海外語境的思索與研究

姜：最後能否談談，在美國和中國做漢學研究的不同之處是什麼？儘管身處的環境發生了很大的變化，但這些年您始終在自己的研究領域持續思考，如果説在中國的時候多的是對美國自由的想像，截止您赴美後第一次回中國，十九年間是否又多了對中國的想像或者説隔膜，這或許會形成許多複雜的文化他者認識，由此對您的中國近現代文化史研究產生的是什麼樣的影響呢？

劉：到美國近二十年，我研究的主要對象仍然是中國文學與中國文化，所不同的是無論是在地理上還是在心理上，我都有了距離感。這種距離感，使我更加冷靜，也更加客觀一些。最近我對《書屋》委托的訪談學者説，我和林崗合著的《傳統與中國人》在二〇〇二年由香港牛津大學出版社再版時，我們寫了一個再版序言，説明人文學術特別是批評性的人文學術，從來就有兩方面的不同含義：一方面它是面對一個具有真實性的問題提出看法，另一方面是在某種社會情景之下與現實的對話。前者是人文批評具有客觀性的那一方面，後者則是人文批評具有主觀性的那一方面。人文批評既讓人看到對事實問題的見解，又讓人強烈地感受到理想的激情與對現實的關懷，比如，魯迅關於中國 "傳統吃人" 的論題，他在一生中多次發揮，見諸散論、小説和雜文，顯然不是一時的輕率議論，而是包含着自己對中國文化沉痛的思索與睿見。若是我們否認 "傳統吃人" 論題具有任何可以稱得上是真實的對傳統的見解，否認這一見解具有任何學術含義，認為它不過是一時的激憤之辭，那就無從解釋這一論題在二十世紀的中國文化史上何以扮演如此重要的角色。若是拒絕這一思想，我們也將失去在今天重新認識傳統的重要憑據之一。但是，假如認為 "傳統吃人" 的命題就是一個純粹真實的對傳統的科學認識，那又是幼稚的，這不但是我們感情上不能接受的，而且在理智上也有悖於人類學關於一定的文化創設和人類生活之間的關係的常識。我和林崗用一萬多字的篇幅說明這兩方面的區別與關係，也說明站在任何一極的極端立場來看待批評性的人文學術都是不對的。也就是說，當時我們的"批判"，是出現在特定歷史場景下的批判，這一批判有益於理解五四新思潮的文化基礎，而今天，我們的"返回古典"，則是回到文化原典所提供的客觀理念。出國之後，我更注意人文批評客觀性的一面，儘管也難免要放入一些主觀判斷。何況海外校園和研究領域，本就強調客觀，注重細讀原典文本。

海外的漢學研究主體，一部分是西方本色學者，一部分是西方華裔學者。二者中都有一些優秀人物體現西方優秀的學統。這一學統包括學術精神、學術態度與學術方法。出國十九年，讓我印象最深也是讓我學習到最多的地方是他們的態度：面對問題（不是面對人身）、進入問題、討論問題的態度；尊重對手，尊重事實，把對手設想為深思好學者的態度；"你可能對，我可能錯"的自由主義態度；崇尚真理勝過崇尚老師的態度等等。一九八九年三月，我第一次到哈佛大學訪問，在講演中，我看到坐在前面的史華茲教授謙卑和藹的神情，這一瞬間給了我終身難忘的啟迪。他的嚴復研究著作和其他中國古代文化研究著作，他的為人治學，代表一種傳統，一種精神，一種高度。我們這一代人，經歷了整整十年的文化大革命，天天聽到"批判"、"批臭"的噪音，幾乎喪失"進入問題、討論問題"的能力，後來雖有所長進，但能到西方感受和體驗一下其優秀學術精神與學術態度，真是一種幸運。

在學術方法上，海外漢學研究界也有一些不同於國內學界的共同特點（如雙語寫作或雙語閱讀），但每個學人的路子又有差異。因此，我比較注意個案。但就多數而言，西方的中國文學研究者善於深挖一口井，較難對貫穿古今的中國文學整體與文化整體進行全面把握。我因為從小就浸泡在母國的文學文化大系統中，便盡量發揮自己的"宏觀把握"的優勢，把宏觀視野與微觀閱讀結合起來，努力尋找一些文史哲可以相通、中西文化血脈可以打通、學問思想生命三者可以銜接的論題。這樣，即便是深挖一口井，也不至於當上井底之蛙。

儘管在美國仍然可以讀到國內的一些刊物，但畢竟存在距離，涉略有限，尤其是國內現狀，我更是只能從媒體了解一些，缺乏具體的感受和體驗，而沒有親身的感受和體驗，獲得的印象是不可靠的。因此，我對此時的中國感到有點陌生，尤其是底層中國、深層中國、鄉村中國，更為陌生。我喜歡卡爾維諾的小說《看不見的城市》，也喜歡藉用他的語言說，對於看得見的中國，我有所了解；對於看不見的中國（即當代中國的內在精神、文化心態、良知體系、審美理想等）卻很隔膜，從這個意義上說，我真的遠離中國了。但是在有了時空的距離之後，我對祖國的幾千年來的文化正典如《山海經》、《道德經》、《南華經》（莊子）、《六祖壇經》、《紅樓夢》等則產生了更深的傾慕與眷戀，對孔孟朱（熹）王（陽明）的另一思想系統也調節了以往的評價，而對於現代文學中的魯迅，則從內心深處感到他確實偉大，揚棄聖化與神化的簡單態度，他對於我，也更為真實，更為親切了。

（原載北京《魯迅研究》2009年第3期，

原標題為：〈看得見的中國與看不見的中國〉）

第三篇

病理學啟蒙的反思

——與李歐梵的對話

一　病理學啟蒙與生理學啟蒙

劉再復（下稱劉）：看待社會文化，有兩種眼光，一種是生理學眼光，一種是病理學眼光。病理學眼光着眼於揭發、批判、破壞、療治；生理學眼光着眼於生長、營養、發展、建設。"五四"新文化運動的特點，是用病理學的眼光來看待社會和歷史。它看到的是現實社會和傳統文化的病態。壞的方面看得很透，以至看到中國已病入膏肓。"五四"之前，改良派就鼓吹"破壞主義"，揭露國民性的一些弊病，但對傳統還留面子，康有為的改制，用的還是孔子的名義。他不僅用病理學的眼光揭露、批判，而且還用生理學眼光提供一個"大同世界"藍圖。"五四"則更徹底，一路吶喊，先把病癥揭露出來再說。魯迅的小說主要是揭露病態社會的不幸，以引起療救的注意，完全是病理學的眼光。他和其他五四戰將對傳統已經絕望，覺得以孔子為代表的傳統文化，簡直就是"吃人的筵席"。他們確實敲響了全面救治中國的警鐘。但是，他們的啟蒙是病理學的啟蒙。改革者們個個都沒有充分的時間，或者說，都沒有意識到，還應當用生理學的眼光來看待和對待社會與歷史。

李歐梵（下稱李）：從這個角度來反省一下"五四"新文化運動，很有意思。當時確實存在着這個問題，如果用生理學的眼光來要求，"五四"至少有一個問題沒有充分意識到，即在批判傳統文化之後，怎樣實現傳統向現代轉化的問題，另外，新的文化，在語言形式變化之後，本身應如何建設，尤其是在人文科學方面，如何建設。

劉：文學創作上還有魯迅在，人文科學簡直是一片空白。當時的改革者處於亢奮狀態，眼睛盯着病毒，每一個人都在揭病因，開藥方，有的認為病在“私有制”，有的認為病在“帝王制”，有的認為病在“國民性”，有的認為病在“五鬼鬧中華”，急病亂投醫，所以國外的各種“主義”，一概拿來，實用主義也好，個人主義也好，人道主義也好，無政府主義也好，社會主義也好，都不妨試試。當時是號角性、批判性的文章很多，但缺少深入思考、精心建構的人文科學經典著作，因此，也就缺乏對新政治、新經濟、新文化的設計。

李：陳獨秀、李大釗、胡適、包括周作人的文章都屬號角性的文章，嚴格地說，當時他們的身份只說是文化戰士，寫的大多是匕首式的文章，缺乏“重”的論著。這一點和西方的“文藝復興”根本不同。

劉：胡適把“五四”新文化運動比作西方文藝復興，這顯然是不妥當的。我和林崗在《傳統與中國人》裡早就指出這一點。西方文藝復興的大思路是返回希臘即返回古典，肯定的是以希臘為代表的古典人文傳統。“五四”則徹底反傳統，否定以孔子為代表的人文傳統。一個要復古，一個反古，思路完全不同。這是其一。另一點大不相同的是您剛才說的這一點，“五四”缺乏“重”的創造，也就是缺少重的經典性的創造與建設。西方文藝復興時期，在繪畫藝術上出現達·芬奇、米開朗琪羅、拉斐爾，在文學上出現但丁的《神曲》，在人文科學上出現馬基雅弗利的《君主論》等等，都是大建設。我國的“五四”新文化運動既缺乏建設意識，也缺少建設實績。所以魯迅不得不說自己的小說反映了當時的創作實績。小說還有魯迅，其他方面就不行了。

李：所謂“重”的文章，也可以說是“現代文化經典”，五四缺乏創造現代經典的意識。七十年過去了，現在想一想，覺得是缺這一項。

俄國十月革命前，當然也揭發批判沙皇，但也出現列寧、普列漢諾夫這樣的經典著作家。但陳獨秀、胡適等的文章書籍都份量不足。十八世紀歐洲的啟蒙運動思想家，給人類社會提供了一大批可稱為人類思維精品的經典，它影響了後來整個世界的人文建構。

劉：十八世紀西方啟蒙運動，可稱作生理學啟蒙，因為它重在建設、建構，出現了洛克、孟德斯鳩、盧梭、伏爾泰、狄德羅等思想家和經典創造者。在一次大文化運動中能出現這麼多的人文科學經典，真是幸運，簡直是天意。

李：真是神奇，在同一時代中降臨了那麼多建設性腦袋，現在歐美主要國家的三權分立、政教分離等基本制度，都是那個時代思想的產物。

劉：這就是歷史的偶然性，歷史的賜與。俄國十九世紀的文學那麼繁榮，幾乎也是一種天意，一種偶然性。俄國十九世紀出現了果戈理、普希金、契訶夫、托爾斯泰、陀思妥耶夫斯基等，共同創造出使世界驚訝的文學經典著作群，僅《卡拉瑪佐夫兄弟》就足以使二十世紀的知識分子思索不盡。現在我們談起俄國文學，就想到十九世紀托爾斯泰、陀思妥耶夫斯基這些大師，決不會像我們，一談起中國文學傳統，總是想到詩經、楚辭、唐詩、宋詞。我國的現代文學還沒有建設一個足以和舊傳統並立的龐大的新文學傳統，即足以和俄國近代文學傳統相比擬的近傳統。要和他們比，我們還得靠古代李白、杜甫、蘇東坡和十八世紀的曹雪芹。

李：這也是天意嗎？

劉：有歷史的偶然性。歷史事件和歷史成果並非都是必然的。對必然的崇拜最後一定會走上宿命論。偶然因素在歷史上起了極大的作用。以俄國文學來說，在十八世紀之前，俄國文學幾乎是一片荒漠，但是，在十九世紀卻奇峰突起，為什麼？就因為十八世紀俄國歷史上出現了一個大偶然，這就是出現了大改革家彼得大帝（1672-1725，於1721年稱帝）。彼得大帝崇拜西方文化，並把它引入俄羅斯，這是了不得的事。西方的異質文化精神一旦引入，再經過大約一百年的發酵，就產生了普希金、果戈理，然後就是托爾斯泰、陀思妥耶夫斯基。中國很不幸，在維新運動中，康有為也希望中國出現一個類似俄國的偶然因素，希望光緒能夠效仿彼得大帝，所以他寫了《彼得變政考》，轉呈給光緒，可惜，中國當時出現了另一個偶然，即慈禧太后壓倒了光緒，情況就完全兩樣了。

李：俄國文學出現托爾斯泰、陀思妥耶夫斯基，在世界文學史上，幾乎是一個特例。俄國作家不像中國的新文化人那樣激進，喜歡提出一些"打倒"、"推倒"的口號。在傳統向現代轉型之間，經歷了一個相當長時間，也可以說是經歷了整整一個時代的煎熬。托爾斯泰、陀思妥耶夫斯基的作品，表現了這種巨大的煎熬。陀氏的作品充滿矛盾的聲音，互相衝突的聲音。

劉：巴赫金所說的"複調"、"雙音"，正是煎熬之聲。煎熬狀態是一種過渡狀態。這種文化過渡使得作家思想家贏得時間進入深邃的精神生活，然後把心靈煉獄中產生的真見解從容地寫出來，他們沒有想到必須把自己的作品當作改革社會的器械，儘管作品見證了改革，見證了歷史。

二 行動生活與沉思生活

李：他們更多是沉思。人有兩種生活，一種叫做行動生活，一種叫做沉思生活。"五四"要救亡，要求知識分子參與救亡行動，寫文章也是行動，或叫文化革命。行為壓倒沉思。沉思太少，就出不了"重"的東西。恐怕只有沉思生活才能寫出經典著作。中國知識分子缺少為學術而學術的傳統。為學術而學術的熱情即沉思本身的熱情，思想本身的熱情，而不是思想背後改變世界、拯救世界的熱情。

劉：這個世紀只剩下幾個年了。想想過去的九十年，中國知識分子能過沉思生活的日子真是太少。不是外在的動盪，就是內在生活的不安，真是不幸。在如此顛簸的歲月中，上半世紀還出現了魯迅、冰心、巴金、沈從文、張愛玲等作家已很不容易了。但也應當承認，行動的壓力影響了他們的成就。至於下半世紀，中國知識分子幾乎處於不斷革命的行動中，"沉思"生活簡直是奢侈，能在這種困境中有所創造更是艱難，如錢鍾書先生等，真不容易。

李：在世界學術範圍內，二十世紀的人文科學有很大的發展，不管我們贊成不贊成他們的觀點，他們的學術建築屹立在那裡，像沙特的存在主義，弗洛伊德的潛意識學說，還有符號學、現象學、闡釋學等，都有自己的經典。但二十世紀的中國文化真是發生危機，口號那麼多，情緒那麼強，可是真正有重量的作品卻那麼少。

劉：在世界範圍內，人文科學成就恐怕不如自然科學成就。就人文科學本身而言，二十世紀的成就又不如十九世紀，但西方比中國確實強得多。這要反省一下，通過反省，也許下一個世紀能有所改善。而要改善，把生理學的眼光和心態變成自覺，把建設意識變成自覺意識，可能是個要緊事。要強化這種眼光和意識，恐怕又得重新認知知識分子自身的角色和位置，也就是本份一些，真正做一些學術建設、文化建設的艱苦事，不要老是充當"打倒"、"破壞"、"革命"的先鋒。也就是說，知識分子不要老是充當行動角色，而應當充當沉思角色。嚴復曾說自己"精於思，惰於行"，可惜他也不得不老是充當行動的角色，我們這一代知識分子更是沉思不了。

李：中國文化傳統中只有"士"、"士大夫"、"文人"這些概念。而沒有知識分子這個概念。在俄國，知識分子被當成社會的一個階級，但在中國，知識分子一直未成為一個階級。"五四"發明了知識分子這個概念後，我認為發生了一種"知識"和"分子"分離的現象，就是說，知識分子對知識本身不是看得很重要，而把"分子"看得很重要，很根本。也就是把自己看成是以知識為工具，穿着知識盔甲的政治行動分子，革命運動分子，社會活動分子，所以往往把"形勢"看得高於"知識"，關注"形勢"勝過關注"知識"。

劉：這是一個很有意思的表述。不重沉思，而重行動，不重"知識"，而重"分子"，忘記了本份、本色，本性。這就叫做本末倒置。"知識就是力量"的命題變成"力量就是知識"。知識分子的本性應是獨立的，中立的，也就是應當站在超黨派的價值中立的立場，凡事都作獨立的價值判斷，可惜個個都守不住獨立，也守不住中立。

李：我想知識分子要成為知識分子，還是要為知識而知識，要站在超乎黨派政治的真正的知識立場上去思考問題，包括政治問題。

劉：我非常贊成你的意見。所謂知識分子，如果不注意，就會變成沒有知識的知識分子。我們不妨根據不同的文化層次區分一下知識分子。文化系統大體可分為四種不同層次的文化，即自然文化、現實文化、意識形態文化和超越文化。自然文化是指人的自然生命文化即食、性文化等。現實文化是維繫社會存在的知識性文化；意識形態文化是與政治權力體系相關的文化；超越文化則是與哲學、歷史學、文學等自由精神的存在形式。所謂超越，原是指超越經驗。宗教文化是狹義的超越文化，只有神、上帝才可能真正實現對可感經驗的超越。我們這裡講的超越是廣義的超越，是指超越黨派文化、世俗文化和意識形態的具有形上品格和想像品格的超越。二十世紀中國的超越文化被意識形態文化所裹脅，缺少獨立的精神價值，這是無可爭議的事實。

李：知識分子把知識看輕了，缺了一個大前提，多了一個新感覺，即站在時代思想高峰的感覺，實際上是錯覺，郭沫若說文學是革命的催生劑，是革命先鋒，把革命和文學二個加在一起，創造了革命文學，又把知識分子的"分子"味強化了。知識分子充當時代先鋒，以為先鋒才重要，知識不重要。

劉：你說的這種情況，在我國，很具體地呈現於一個概念之上，就是"戰士"。中國古代知識分子叫做"士"，二十世紀多加一個"戰"字，變成戰士。文士變成戰士，把戰士視為自己的第一本質，把文士反而視為第二本質。一旦把自己視為戰士，自然就把知識視為戰鬥的武器、工具。有一個時期，文章充滿火藥味，非常可怕，軍事術語大量進入文化文學，因為知識主體都變成了戰士。現在仍有不少文章充滿語言暴力，充滿殺氣。

三 獨立存在與象牙之塔

李：知識分子把自己放在歷史範疇裡的頂端，這是幻覺。真正有作為的思想家、文學家、哲學家，如康德等，他們是知識分子，但沒有把自己看成人民的喉舌，改造世界的戰士，他把自己視為超越世俗紛爭的獨立的個體存在。西方的知識分子一般都有獨立存在感，不把自己放在歷史社會範疇裡，他們認為可以超越一時的政治歷史變遷進入永恆命題的思索，即形上思索。所以學院（像芝加哥大學）一定要全力保護他們獨立思想的權利，甚至可以完全與社會隔絕。

劉：允許與社會政治隔絕，才有學術自由。我是肯定象牙之塔的。沒有象牙之塔，就沒有面壁功夫，就沒有沉浸狀態，就沒有深邃的精神生活，也就不可能有建設性的精神價值創造。總要人家去關心政治，參與政治，就沒有學術自由。關懷一下政治，自然無可非議，但不能強制學者、藝術家去關心國家大事。作家與社會隔絕也無可非議，沒有隔絕，就沒有平靜，就沒有陶淵明、曹雪芹。所謂隔絕，實際上就是尊重他們擁有生活在象牙之塔之中的自由。

李：作為一個普通人我有我的社會責任，我應該去關心社會，我應該去投票，可是當我進入學術領域時，就應該隔絕。我在文學上提出一個觀點，在金山會議上，有一個雜誌的主編問我，"如果你生在中國的話，走哪條路？走劉賓雁的路還是和他不同的路？"我說："我白天會和劉賓雁去上教堂，晚上我在自己的家裡寫超現實主義的文章，"作為社會人我去教堂，作為學人，晚上我就作我自己的了。

劉：我在課堂裡講評非現實的人格，也是這個意思。作為思想者應當把世俗角色與本份角色（作家藝術家角色）分開。我們可以充當世俗角色，但也可以拒絕充當世俗角色。社會上讓我當個什麼主任、委員等等，這是世俗角色，現實主體，但從事文學創造，則要把現實主體和藝術主體分開、把世俗主體與精神創造主體分開。作家熱衷於充當世俗角色，甚至熱衷於世俗的頭銜，這是一種時代病，可能毀掉作家心靈的大病。

四　抽象能力與形而上品格

李： 強調"分子"，熱衷世俗角色，就沒有形而上品格，沒有抽象的力量。西方的科學革命是用極為抽象的科學辭藻打掉（break）世俗的套式，愛因斯坦就是極抽象的。這一點，德國的思想家哲學家真厲害。

劉： 德國哲學家的抽象能力是世界第一，真了不得。我生活在大陸，與我們同齡的一代人，在大陸一直讀馬克思、恩格斯的書，而且波及到讀黑格爾、費爾巴哈，八十年代後又進入康德、尼采、海德格爾等，真受了他們的抽象思維的"歷練"。像我這樣的大陸知識人，受到兩支文化特別深的影響（台灣、香港、海外的知識分子未必是這樣），一是俄羅斯文學；二是德國哲學。這兩樣東西成了我們的"根柢"之一。出國後我拚命補救的根柢反而是自己的傳統文化。德國哲學的發展歷史其實也不長。原來歐洲人瞧不起德語，甚至稱之為馬語（不是好聽的人語），但馬丁・路德的宗教改革幫了它大忙。新教創建者馬丁・路德不講天主教的拉丁語，選擇了德語，幫助德國走上了歷史舞臺。而德國出現這批天才又賦予德國文化極強的形而上品格。我國的現代文化從嚴復、康梁到五四及以後的幾十年，都沒有出現德國似的文化幸運。也就是沒有出現過把現代白話轉化為抽象語言、形而上語言、經典語言的幸運。

李：極抽象的東西，一旦出來，就會引起形而下系統天翻地覆的變革。一旦出來就會引起世界的極大變化。有人說"讀書無用"，以為抽象的超越的文化無用，說得不客氣一點，這是無知。

劉：王國維把美學界定"無用之用"，與康德的"無目的的合目的性"相通。實用主義，急功近利，不知形而上思索的意義，已成為時代普遍病徵。形而上的沉淪，是當代一種大精神現象。

李：白話文在人文學科中的抽象提升問題，恐怕是今後文化建設的生長點。白話文的提出，對於中國人的思想解放，其功不可沒，但是，白話文由於如胡適所說的"口語化"，就發生了另一個問題，即缺乏學院式的語言提升，缺乏凝聚思想的範疇概念。你剛才說德文的命運就不是這樣，德文產生很深刻、很豐富的理論體系，白話文不能老是停留於白話水平。

劉：也許用缺乏形上化洗禮和缺乏學院洗禮來表述更為清楚。"五四"的白話，已經夠俗了，瞿秋白的大眾語運動還覺得太歐化，結果越來越媚俗，離德國現象越來越遠。白話文消解了書面語言和口頭語言的距離，這是它的優點，但是，把大眾口頭語言強調到極端之後，連哲學也大眾化（艾思奇就寫過一本《大眾哲學》）。哲學可以大眾化，但大眾哲學不能替代經典哲學。所以，我覺得，在平民化走到頭之後現在需要在新的層次上"貴族化"一下，即創造高級的精神文化、哲學文化。平民無法直接讀懂，但可以通過各種中介而產生作用的文化。

李：是的，是到了建設"重"的、帶有經典性著作的時候了。《資本論》也不是白話，很難懂，但通過中介，它被大眾掌握了。不用説社會科學的大書，就是文學作品，也不能一味強調"俗"，魯迅的《野草》就不"俗"，大眾看不懂，但有深度，魯迅在創作實踐上，不是簡單的俗化。

劉："五四"提出反對貴族文學，提倡平民文學，其社會意義是很大的，當時相應地在美學原則上發生了一個根本轉變，就是反對"雅"的美學原則，尊崇"俗"的原則。魯迅當時對梅蘭芳的反感就是他感到梅蘭芳"雅"是雅了，但大眾看不懂。可惜對"雅"的批判和對"俗"的提倡，走了極端，就把普及的原則視為至高無上的原則，把能否讓工農直接讀懂變成一個大原則，這就使作家降低自己的水準，在人文科學上也發生這種俗化，把哲學也大眾化，這就瓦解了哲學、人文科學的形而上品格。這樣，哲學家與作家就從精神主體降低為現實主體，哲學語言和藝術語言基本上等同於現實語言，往形而下走，這可以是啟蒙的起點，但不應當是啟蒙的結局。周作人在一九二三年作自我反省時道破了一個很好的思想，説平民文學必須經過貴族文學的洗禮，才能成為真正的文學。

李：太功利化了，這也是"五四"沒講清雅俗關係造成的重大缺陷，"五四"的啟蒙者通過直接可掌握的語言去喚起大眾，以達到民族救亡的目的。從這種急切目的出發，自然是越通俗越好，但是，如果從一個民族長遠的文化境界着眼，卻造成高級精神文化的退化。

劉：不能什麼都那麼直接。啟蒙者缺乏建構中介的意識。他們不了解啟蒙並不意味着啟蒙者把啟蒙思想直接訴諸被啟蒙的對象。啟蒙對象，最廣大的部分是一些沒有文化或者文化程度很低的大眾，對他們的啟蒙，不是要求他們直接閱讀啟蒙者的作品，而是通過各種中介機制，如教育機制，新聞機制等，把較深奧的啟蒙思想轉化為通俗形式而傳導到啟蒙對象之中。這樣，啟蒙者就無須迎合與俯就啟蒙對象的低要求，而可以保持自身的深思狀態和高級語言形式。不說洛克、孟德斯鳩的著作需要中介才能抵達大眾，就說馬克思的《資本論》，誰也不會攻擊它是脫離工人階級，無法起到啟蒙作用。如果馬克思也要求自己 "大眾化" 而寫通俗冊子，他就成不了馬克思了。《資本論》也是通過許多知識層的中介，才被工人階級所認知。我國現代啟蒙者的幼稚病在語言問題上和啟蒙手段上表現得相當突出。

五 "新啟蒙" 命題已過時

李：我記得八八年王元化和劉曉波又在提倡 "新啟蒙"，你好像不熱心此事，沒有參與。此次 "新啟蒙" 只是曇花一現，沒有多大影響，他們是不是也屬病理學啟蒙，也只熱衷於社會批判，不熱心於建設。

劉：是的。他們也邀請我參加在北京的首次聚會，也想辦刊物，但我都沒有參加。之所以不熱心於新啟蒙，有三個原因：第一，八十年代和五四時期的歷史語境很不相同。 "五四" 的啟蒙是必要的，它把西方啟蒙運動的兩大成果——科學與民主，引入中國，並以此為主題喚醒民眾，確實給中國人很大的啟迪。但八十年代已經不缺民主理念與科學理念，誰都在講科學與民主，但要 "落實" 到制度上卻是一個極大的難題。換句話說，八十年代的時代課題不是思想啟蒙，而是制度改革。第二， "五四" 以後，許多作家還是停留在啟蒙的水平上，甚至否定自己曾參與的"個性"啟蒙內容，轉入救亡與革命，如郭沫若等，唯有魯迅在提倡啟蒙之後又超越啟蒙，從而進入存在問題的思考。《野草》就是典型的例子，它不是科學、民主等社會合理性問題的啟蒙，還是關於心靈困境的詩意思索，是面對現代社會變動的精神徬徨，是生命個體的不安。這種精神苦悶比啟蒙更有思想深度。八十年代新啟蒙者只是重複"五四"的基調，沒想到超越啟蒙這一層。第三，八十年代，包括我在內，都被視為新啟蒙者，但我感到自己也有問題，即啟蒙主體本身也應打一個問號。我在八六年提出"懺悔意識"理念，意思就是説，不要光審判時代（這亦是病理學啟蒙），還要審判自己。不審判自己就沒有審判時代的資格。文化大革命這個錯誤的時代是我們共同創造的，我也有一份責任。我們這些"啟蒙者"在社會風浪中也常常表現得很醜陋，內心也佈滿黑暗。我們可以充分表述自己的理念，但要充當大眾的導師和啟蒙者則問心有愧，所以我一直覺得自明、自審、自救是第一要務，啟蒙他人倒是在其次。

李：我贊同你的看法，"新啟蒙"的命題已經過時。

（原載遼寧《萬象》雜誌，2009年第5期）

第四篇

"五四"核心理念及其歷史語境

——近現代三大意識的覺醒

　　聯合報系文化基金會舉辦"革命或改革？中國歷史的百年回顧與展望"的講座，請我參加，我因為去年出版了和李澤厚先生合著的《告別革命》對話錄（按：指香港天地圖書公司，1995年版），正在思考這個問題，所以便欣然接受邀請。

　　我們的對話錄《告別革命》出版後在中國大陸和海外都引起強烈的兩極性的迴響。我們對兩極性的批評都有心理準備。因為我們提出的問題不是一般性的、枝節性問題，而是一百年來中國的一些基本思路和基本選擇的問題。而這些基本思路的核心又是暴力革命崇拜與階級鬥爭崇拜的思路。我們所界定的革命，是在中國的具體歷史情境中與改良相對立的革命，它是指以群眾暴力等急遽方式推翻現有制度和現有權威的激烈行動。我們所作的告別，首先是告別以大規模的流血鬥爭推翻政權的方式，這是階級鬥爭的極端形式。其次，我們也告別這一極端形式的變形，如一九四九年之後發生在大陸的政治運動和它所採取的群眾專政、心靈專政等形式。這些形式實際上是對革命戰爭經驗的迷信，把階級鬥爭的極端形式搬用到和平建設時期，它仍然帶有暴力性。

　　我們的告別，並非否定以往屢次革命的理由和它所起的歷史作用。但是，我們否定"革命神聖"的觀念，否定革命乃是"歷史必然"（歷史必由之路）的觀念。我們認為，歷史總是提供革命與改革兩種選擇的可能性，不是一種可能性。而中國一百年來，從辛亥革命開始總是選擇暴力革命的辦法，並把它視為唯一合理的辦法。但是，歷史經驗證明，這種辦法付出的代價過於慘重，後遺症太大。這種後遺症包括流血革命後的再流血和流血的陰影長期無法消除，因此，要麼就內戰不休，要麼就是勝利者在流血陰影籠罩下神經脆弱（意識形態極端脆弱），生怕失敗者復辟而人為地誇大敵情，繼續製造階級鬥爭的災難。我們希望通過告別，能在新舊世紀之交時，放下二十世紀最沉重的包袱，也就是“革命神聖”、“革命必然”、“革命天經地義”等觀念的包袱。我們以為，中國是充滿潛力的國家，它具有走出自己的路的現實可能性，即成為發達國家又能避免現有發達國家社會弊端的可能性；但是，也存在着另一種可能性，即隨着經濟的發展，勞資矛盾和各種社會矛盾日益激化，不滿情緒日益加深，從而導致新的暴力革命。這兩種可能性所展示的中國未來的前途，既是充滿希望，也充滿凶險。我們的對話至少是好意的，即為了促進中國往第一種可能性的路上發展。

一 “民族—國家”意識的覺醒

為了便於討論《告別革命》所提出的問題，我今天想側重介紹一下我們提出問題的部分思想史背景，即中國近、現代三大思想意識的發生、發展和我對它的思索。

從上一世紀末到本世紀的三十年代，中國經歷了三次重大思想意識的覺醒。第一次是從上個世紀末到這個世紀初的“民族—國家”意識的覺醒；第二次是五四新文化運動中“人—個體”意識的覺醒；第三次是五四之後二三十年代“階級意識”的覺醒。這三次覺醒深刻地影響着二十世紀中國的面貌和命運。

　　第一次覺醒是"民族─國家"意識的覺醒。西方的"民族─國家"意識在十七世紀伴隨着一系列民族國家的建立就已經形成，但中國卻一直只有"天下"意識而沒有"民族─國家"意識。許倬雲先生說："中國很特別，天下意識出現很早，而且四周圍沒有很大的挑戰者，所以從東周起（東周列國時代，幾乎有民族國家的走向，但沒有走下去），很快就過渡到普世世界，這一普世規則，就是儒家的思想。因為它沒有有形的教堂，所以就和文化結合在一起。中國走向天下意識、文化意識的時間，比其他國家早很久，如果中國沒有碰上民族國家的問題，中國跟今天天下一世的觀念很容易契合，但在十八、十九、二十這兩個半世紀裡，我們一步一步地把民族國家意識接收過來了。本來普世的天下，變成有限的國家社群。"（《風雨江山》頁151，台北：天下文化出版公司，1991）梁啟超在〈中國史敍論〉中把中國史劃分為"中國的中國"、"亞洲的中國"以及"世界的中國"三段。第一段為上世史，自黃帝以迄秦之統一，是為中國之中國，即中國民族自發達、自競爭走向團結之時代；第二段為中世史，自秦一統至清代乾隆之末年，是為亞洲之中國，即中國民族與亞洲各民族交涉頻繁競爭最烈之時代；第三段為近世史，自乾隆末年以至於今日，是為世界之中國，即中國民族合同全亞洲民族，與西人交涉競爭之時代（參見《飲冰室文集》之六──〈中國史敍論〉）。中國作為"亞洲之中國"時，"民族─國家"意識未成，當時它仍然以為自己是左右天下的天朝，周圍的彈丸之邦只不過是給自己朝貢的蠻夷。因此，"雖然中國已是亞洲之中國，中國人自我投射的身份意識，卻停滯在'中國之中國'的境界。自我認同的身份與實際扮演的角色，其實已經脫節。"（《風雨江山》頁190）這就是說，在中國與亞洲各國交往的歷史時期中，並未充分意識到自己是作為一個民族國家與其他民族國家處於生存競爭之中，只是到了近世時代，中國才真正意識到自己是天下的一部分。

中國"民族—國家"意識的覺醒雖然是從十八世紀開始的一個過程，但是到了鴉片戰爭，特別是甲午戰爭之後才非常集中、非常強烈地表現出來。這裡我們可以簡單地列一時間表和表中包含的事實：一八九五年二月十二日，北洋水師在威海衛全軍覆沒，第二個月即三月四日嚴復便在天津《直報》發表《原強》；四月十七日中日《馬關條約》簽訂，二十二日梁啟超等聯名上書都察院，反對簽訂《馬關條約》。五月二日，康有為聯合各省應試舉人舉行"公車上書"，開始了維新運動。從二月甲午戰敗到十月二十二日台南陷落、日軍佔領台灣全島期間，中國朝廷上下一片哭聲，"四萬萬人齊下淚"，當時出現了大量的表現"民族—國家"意識的詩文，其代表作有黃遵憲的《悲平壤》、《東溝行》、《度遼將軍歌》、《馬關紀事》、《書憤》，陳玉樹《甲午乙未感事詩二十八章》，杜德輿《哀遼東賦》，鄒增祐《和議定約感賦》，李光漢《燕台雜感三十首》，張羅澄《感事》，吳昌言《口占》及丘逢甲的《嶺雲海日樓詩鈔》等。

中國"民族—國家"意識的覺醒雖然受到西方思想的影響，但更重要的還是經受了戰爭失敗的大刺激，因此，中國近代"民族—國家"意識便帶上突發性的"反帝—救亡"的特點，其民族主義表現為強烈的民族義憤。但也因為戰爭失敗的恥辱，使中國近代的思想先驅完成了一個重大發現，即發現中國是個大國，但不是強國（而是弱國），而且開始了百年來第一輪痛切的反省,即開始尋找弱的原因。梁啟超的《中國積弱溯源論》(1901年5月28日)便是在這種背景下產生的。這篇文章指出,中國所以會"積弱",就是愛國觀念不對,而所以不對,就是"一曰不知國家與天下之差別也";"二曰不知國家與朝廷之界限也";"三曰不知國家與國民之關也"。他認為,這三者"實為中國弊端之端、病源之源"(《飲冰室文集》之五——《中國積弱溯源論》第一節)。梁啟超劃清了三項重大的範疇界限與關係,即國家與天下的界限、國家與朝廷的界限、國家與國民的關係,這就標誌着中國的"民族—國家"意識已作為成熟的意識登上歷史舞台。其所以成熟,第一,已把中國作為天下的一部分,即世界諸國家中的一個國家;第二,與傳統的忠君即愛國的觀念劃清了界限,把國家作為社會實體放在優於皇統(朝廷)道統(儒教)等價值系統之上;第三,確認國家主體乃是國民,並把國民放在國家系統的核心位置上。

"民族—國家"意識的成熟,不僅反映在梁啟超的名字上,還反映在嚴復等同時代的其他先覺者的名字上。基於這一點,美國哈佛大學的史華茲(B. Schwatz)教授在《尋求富強:嚴復與西方》的著作中相當準確地作了分析。他說,在甲午海戰之後,中國的民族國家處於危險之中,因此,當時的中國民族主義者已不願意在那些與民族富強需求相背的民族的過去氣質中去發現價值。此時的民族主義者的激進典型已公開宣稱整個民族的過去乃是民族獨立與強大的障礙。青年嚴復就屬於這種典型。這種類型的民族主義者,"把社會實體作為民族來保衛,並極力把這個目的擺在其他價值觀念和信仰之前加以考慮",也就是"把民族集體作為社會有機體加以維護和推進當作自己直接的基

本職責"（《尋求富強：嚴復與西方》頁18－19，江蘇人民出版社，
1989）。

要挽救國家危亡，尋求強國之道，關鍵在於國民。因此，應當
"鼓民力"、"開民智"、"新民德"，應當"興民權"，改變"治
人者有權而受治者無權"的狀況。梁啟超著《新民說》，指出"新
民"乃是中國更新的"第一急務"，唯有新民才有"新政府"與"新
國家"。這樣，就形成近代改良主義的基本思路，即從尊重國民自主
權利和改變國民素質入手而達到國家富強的目的。

在這一改良主義思路之後發生的是革命的思路。甲午戰爭之後，
即一八九五年十月二十六日孫中山發動廣州起義，失敗後於十一月
十二日流亡日本，並發表《支那革命黨首領孫逸仙抵日》，"革命"
的概念開始作為最重要的而且具有新的意義的概念影響中國。孫中山
同樣經歷了一次"民族—國家"意義的覺醒，他與康、梁等人都認為
中國是大國而不是強國，都需要"變"，對原來的朝廷及其制度都應
破壞，但一者主張"有血之破壞"，一者主張"無血之破壞"。甲午
戰爭失敗至今正好一百年，我與李澤厚先生回顧這段歷史，認為在國
家處於危亡之中的這兩種思路都具有充分理由，但過去的歷史學家只
認為孫中山選擇的革命之路才是唯一正確的，才是必然的，而我們則
認為未必必然，在"民族—國家"意識覺醒之後的改良主義思路，包
括政治上的君主立憲，思想上的新民立國的思路，未必不可取。

另外一個問題是無論孫中山的革命派還是梁啟超等改良派，他們
當時所講的民族主義都帶有強烈的反帝救亡的特點，那麼，在一百年
之後再講民族主義，是否還應保持這一特點？民族主義是否應有新的

時代內涵？或者民族主義的時代已經過去，再次高舉民族主義的旗幟會不會走向負面？這便是今天的課題。

關於這個問題，一九九二年年底，香港中文大學舉辦的"民族主義與現代中國"國際學術會議曾經接觸過。我注意到汪榮祖先生的《中國近代民族主義的回顧與展望》。他在文章中說："今日中國已是核子強國，近年來經濟快速成長，富亦可期。富強的中國沒有外國再敢欺侮，自然不必再提倡反帝色彩濃郁的民族主義，亦實無必要；憂患意識雖不可沒有，但救亡意識，應已過時。在可以預見的將來，沒有一個外國可以搞垮中國，唯有中國人自己可能搞垮中國，例如境內政治分裂訴求的高張，導致'巴爾幹化'；或台灣宣佈獨立，大陸武力干預，造成一方慘勝，另一方全敗的結局；文化虛無主義的繼續發展，以至於取消方塊字，可令中國於一個世紀之內，分崩離析。是以為了政治統一、文化凝集，正常的民族主義仍是當代不可或缺的立國支柱。"（《民族主義與中國現代化》頁198，香港：中文大學出版社，1994）

汪榮祖先生的文章注意到一百年前與一百年後的中國已經完全不同，也就是近代啟蒙思想家們所發現的"中國是個大國但不是強國"在今天已不能成立，而且也沒有其他任何一個強國可以搞垮中國，因此，今天講民族主義不應再帶有"反帝"和"救亡"這兩個特點，不應再以反帝的民族義憤來解決中國問題，而應當注意到中國人自己可能搞垮自己的問題。這一看法是對的。事實上，對於今天的中國，重要的是民族內部的自我調整和自我完善的問題。如果上個世紀中國是處於反帝救亡的時代，那麼，這個世紀末和下個世紀，中國應當進入民族自我調整的時代。這種自我調整,包括大陸和台灣關係的調整,大陸內部和台灣內部各種關係的調整,也包括中國與世界關係的調整,這種調整是非常複雜麻煩的,絕不像革命簡單地使用暴力語言那麼痛快。但是,汪榮祖先生在分析時代變化之後又認為"正常的民族主義"乃是當代中國不可或缺的"立國之柱",這一論點卻值得商榷。我在與李澤厚先生新的對話錄中曾討論過這個問題,我們認為,這仍然可能給人藉以大肆宣揚大中華主義或大漢族主義。中國的未來,包括統一,不能仰仗"民族主義"這一危險的支柱,而應當依靠"經濟共同發展"這一堅實的支柱。經濟要不斷發展,中國人民生活要不斷改善,這種自然要求,一定會逐步消除各種政治和意識形態的隔閡和障礙,使中國內部的問題獲得自然解決。在國際範圍內也是如此,我們相信,如果通過經濟發展的互利要求而形成經濟共同體,那麼,就自然會找到政治共同體的途徑。"經濟"使不同的"民族—國家"走向聯合、一體化,西歐就是例證。而強調種族區別的南斯拉夫和非洲某些國家,則陷入可怕的戰禍。我和李先生確信,經濟比政治、比任何主義(包括民族主義)、比任何武器(包括原子彈)都更有力量,也更有光明之能量。

二 "人—個體"意識的覺醒

近代啟蒙思想家做了一件非常有意義的事,這就是他們把國家從"天下"與"朝廷"的意識中分解出來,然後又使國民走上國家的主體地位。但是,當時他們思考問題的焦點的"民",乃是組成國家的群體性質的"民"。在群與己之間,他們的重心還是放在"群"上。

　　"五四新文化運動"，從中國思想史發展的角度看，它與近代思想家不同之處（也是它的進步之處），便是把思考的重心從"群"移向"己"，即突出個體、更新個體。因此，"五四新文化運動"中便完成了中國近現代第二個重大意識的覺醒，即人的意識的覺醒，特別是個體意識的覺醒。這一意識的覺醒的意思就是：不是群體性的"民"才重要，每一個個體都是重要的。

　　這種覺醒，使"五四"的啟蒙家把個人的個體價值作為目的本身，而不是作為"國"的手段。這就與前一代的思想啟蒙家很不相同。前一代的思想家嚴復、梁啟超等，他們都把"民"作為強國的手段，即使在翻譯西方的學術著作的時候，也通過語言的移植落腳到強國的目標上。這一點，正是史華茲教授《尋求富強》一書最精彩的地方。嚴復把穆勒的《論自由》譯作《群己權界論》，討論群與己的關係問題。穆勒在原著中，不僅把"己"的自由作為"群"的前提，而且把"己"作為目的本身。他說："國家的價值，從長遠看來，歸根結柢還在組成它的全體個人的價值。"但嚴復在翻譯時並未像穆勒這樣突出個人，反之，他加進許多自己的解釋，把個人解放變成服務國家的手段。史華茲教授作了許多文本比較，最後批評說："假如說穆勒常以予人自由作為目的本身，那麼，嚴復則把個人自由變成一個促進'民智民德'以及達到國家目的的手段。"（頁133）這一批評顯然是中肯的，因為五四啟蒙家和前一代啟蒙家有如此重大的區別，因此，五四新文化運動便着意破壞"國家"的偶像，把"國家"、"族群"作為與"個人"相對立的範疇，以至公開宣佈要打倒"國家"的偶像。一九一八年，陳獨秀在《偶像破壞論》中就把"國家"視為應當加以推倒破壞的虛偽的“有害的偶像”。之後，他在與錢玄同的一次談話中，又說：“鄙意以為今日‘國家’，‘民族’、‘家族’、‘婚姻’等觀念，皆野蠻時代狹隘之偏見所遺留。”（《獨秀文存》頁738，安徽人民出版社，1987）而周作人在提倡“人的文學”之時，也特別聲明，這種新文學“是人類的，也是個人的，卻不是種族的，國家的，鄉土及家族的”（《新文學的要求》，1920）。郁達夫更是把國家視為文學藝術之敵，他在《藝術與國家》一文中，認為“現代的國家與藝術勢不兩立”（《創造週刊》第六號，1923年6月1日）。“五四新文化運動”中人的意識的覺醒，表現在學術思想與文學思想上就是把“國家”、“種族”、“家族”等作為“個體”的對立項，然後突出個人，這正是“五四運動”最大的歷史功績。

如果說，在“民族—國家”意識的覺醒過程中，扮演第一小提琴手的是一些政治思想家，那麼“人—個體”意識的覺醒，扮演第一小提琴手的卻是文學思想家和作家。近代的政治思想家發現，中國是個大國而不是強國，而“五四”的文學思想家則發現，中國人不是人而是非人。魯迅說，中國歷史上從來未出現過“人”的時代，而只有兩個時代，一個是想做奴隸而不得的時代，一個是暫時做穩了奴隸的時代（《墳·燈下漫筆》）。他們在發現中國人乃是非人的時候，一開始就空前尖銳地指出，造成非人絕境的不是別人，恰恰是自己的父親，即自己的父輩文化。父輩的禮教吃人，四千年被仁義道德包裹着的祖輩文化吃人。

“五四”的第一篇白話小說就這樣吶喊。因此，“五四文化運動”乃是一次無情的審父運動，其“人—個體”意識的覺醒緊連對父輩文化最激烈的否定和批判。在"五四"新文化先驅者看來,中國人的個體自由、個體價值完全被消解在龐大的君臣父子關係的固定秩序中,"己"完全被消解在以"群"為軸心的文化大網結中。這樣,"五四新文化運動"在發現中國人乃是非人的同時,也發現造成非人、吃掉孩子的恰恰是自己的父親。因此求贖的辦法及救救孩子的方法便是批判"孝道",與父輩文化實行決裂,不惜背着數典忘祖的罪名去"刨祖墳"。

此次以否定形式而完成的人的發現,達到中國歷史上空前的深廣度。在廣度上,它於發現人的時候,延伸到發現婦女與發現兒童,即伴隨着人意識覺醒的是婦女意識與兒童意識的覺醒。在深度上,則是發現"非人化"(如同獸)的三個層面,即一是"食人";二是"我亦食人";三是"自食"。

關於深度,我在過去撰寫的文章中曾提及過。首先是"吃人",這是魯迅在《狂人日記》中所揭示的最著名的觀念。他通過小說說明中華民族過去的歷史乃是長達四千年用仁義道德包裝起來的被吃的歷史。這一極端的觀念一提出來即震撼中國。當時的中國太麻木,不用極端的文本策略,不足以讓人驚醒。而魯迅在這篇小說中實際上還揭示另一觀念,即"我亦吃人"。這就是揭露被吃者本身也參與吃人,也可以說歷史的解釋主體本身也有罪。這是更深刻的觀念。這一觀念在說明,吃人已成為中華民族的集體潛意識,每一個參與歷史的人,包括看到某種中國歷史罪惡的人,自己無意中也參與罪惡的歷史活動,成為罪惡的一部分。小說中的"狂人",他既發現自己"被吃",但又發現自己也吃妹妹的肉。"五四新文化運動"獨特的懺悔意識就是從“我亦食人”這一命題上產生的。這是當時的思想先驅者發現中國傳統文化所形成的一種“共犯結構”，中國人就生活在這種結構中，連最老實、最善良的華老栓，也參與吃“人血饅頭”（小說《藥》），但自己不知道。而無數宣揚婦女節烈觀的人，正在參與吞食母親和姊妹的生命，自己也不知道。因此，提示“我亦吃人”，告知中國人要“救贖”須從自身開始，乃是很大的啟蒙。可惜，這一層觀念在“五四”及“五四”後的數十年中並未被充分注意和理解。第三個層面是“自食”。“自食”這一概念在魯迅的散文《墓碣文》（《野草》）中出現過：所謂“自食”，就是自己吃自己，這是中國人更加悲慘的“非人”狀態。人最不堪的就是自我奴役、自我虐待、自我消滅，反映這一狀態的文學典型就是阿Q。阿Q作為人而悲慘地成為“非人”，就因為他用各種理由把人應有的最起碼的尊嚴和人格全部自我消滅掉。他無端地捱打，本應反抗，但是，他立即又萌生出“小子打老子”精神優勝法吃掉自己的反抗意念。他窮得一乾二淨，本應改革現狀，但他又用老子“先前比你闊多了”的精神騙局吃掉自己從奴隸狀態擺脫出來的意念。中國人的“自食”，最後是吞掉自己的全部靈魂和全部良知，只剩下一副任憑專制機器擺佈的麻木的軀殼。“自食”這一發現，經歷過“交心運動”、“鬥私批修”、“思想改造”的大陸知識分子特別容易理解，因為他們所經歷的正是“決心自食”的慘烈行為，當這種行為進入狂熱狀態時，人真是變成一種被文明包裝着的“自食之狼”。

在廣度上，則是對人的發現，伸延到對婦女和兒童的發現。男人是非人，作為男人的奴隸的婦女更是非人。她們是奴隸的奴隸，牛馬的牛馬,甚至只是"器物"而已。所以"五四"的婦女解放帶有奴隸解放的特點,即從鬆綁手腳(廢棄纏足)、打破節烈(免除活殉葬)開始。對兒童的發現也很有意思。魯迅《狂人日記》結束語就是"救救孩子",他發現中國人的被吃首先是孩子被吃。當時的文化革新者們實際上共同發現,中國文化有一種吃子意識和殺子意識。魯迅特別要批判"二十四孝圖",而最憎恨的又是"郭巨埋兒"這樣的故事,就是這一宣揚孝道的讀物,恰恰形象地反映在"孝道"神聖名義下的殺子意識。"五四新文化運動",一開始就帶着解放婦女和解放兒童的要求,也就是說,在人的意識的覺醒中包含着婦女意識和兒童意識的覺醒。一九一八年六月,《新青年》出版"易卜生專號"。選擇易卜生有雙重意義,一是易卜生個體意識最強,他認為世界上最有力的人是孤獨的人,鼓吹以個人獨戰多數而不惜成為"國民公敵";二是易卜生婦女意識非常強烈。在世紀之交的北歐,兩個作家非常傑出,一個是挪威的易卜生,一個是瑞典的史特林堡,兩人觀念不同,而且成為水火不相容的論述。史特林堡敵視婦女,和中國傳統的"女人是禍水"的觀念差不多,而易卜生則鼓吹婦女解放,張揚婦女的個體價值。《新青年》選擇了易卜生,其意義是非常豐富的。《新青年》"易卜生專號"同時發表了胡適和羅家倫合譯的易卜生的《傀儡家庭》,並使娜拉這一名字成為中國婦女覺醒的時代性符號。同年七月,胡適又發表《貞操問題》攻擊扼殺婦女青春的節烈觀。一九一九年,他又發表《我的兒子》,攻擊"孝道",警告父母"不要把自己看作一種'放高利債'的債主",望兒子報恩。同一年中,魯迅也發表《我之節烈觀》和《我們現在怎樣做父親》,也攻擊"節烈"與

“孝道”，共同為婦女和兒童的尊嚴與地位請命。

在西方，發現人和發現婦女、兒童是在不同的歷史階段上完成的。而中國的先覺者們卻企圖在一次新文化運動中完成。對此，他們曾引為自豪過。周作人一再提起這一點。在《人的文學》中他就說明，歐洲對人的發現經歷了三次巨大歷史事件後才告完成：“第一次是在十五世紀，於是出了宗教改革與文藝復興兩個結果。第二次成了法國大革命，第三次大約便是歐戰以後將來的未知事件了。女人與小兒的發現，卻遲至十九世紀，才有萌芽，古來女人的位置，不過是男子的器具與奴隸，中古時代，教會裡還曾討論女子有無靈魂，算不算得一個人呢？小兒也只是父母的所有品，又不認為他是一個未成長的人，卻當他作具體而微的成人。因此又不知演了多少家庭的悲劇。”一九三四年他又說：“西洋在十六世紀發現了人，十八世紀發現了婦女，十九世紀發現了兒童，於是人類的自覺逐漸有了眉目。”（〈苦茶隨筆·長之文學論文集跋〉）“五四”時代人的發現包含着從十五世紀到十九世紀的時間廣度，包含着對婦女和兒童的發現，這是很了不起的。

這裡所說的發現，是指時代性、集體性的發現，即作為一個時代集體地肯定人的價值的時候，也集體地肯定了婦女和兒童的個體絕對價值。如果是作為個別的發現，那麼，也可以說，曹雪芹通過《紅樓夢》已充分發現了婦女，他不僅發現女子（少女）比男子美麗而且比男子更有才華。賈寶玉在男子群中是最有才華的，給大觀園各館命名時，他顯示出其他酸秀才們難以比擬的聰明靈氣，但是，在林黛玉、薛寶釵面前，卻總顯得才華不足。賈元春省親時，他所作的四首詩中，其中一首寫得最好的，恰恰是林黛玉替他"作弊"的。但曹雪芹只是個人的獨特發現，只有到了"五四"，才劃時代地發現女子的價值。

可惜的是，"五四"對"人—個體"的發現並沒有使"人"真正在中國大地上站立起來。應當說，這是中國世紀性的大悲劇。為什麼站立不起來，我和李澤厚先生一再強調的一點，就是此時的人缺少可以站立的堅實土壤，即沒有相應的獨立的經濟前提和社會條件。也就是說，"五四"人的意識的覺醒，並不是自由資本經濟發展的結果，不是經濟獨立之後而提出的人格獨立的要求，也不是神啟示與生物學理性啟迪的結果（進化論只是影響一部分改革者），而與"民族—國家"意識的覺醒一樣，乃是國家衰敗、民族危亡刺激下的結果。五四啟蒙家雖然與梁啟超那一代啟蒙家啟蒙的重心不同（從國→人），但在意識的發生（起源）上卻有共同點，這就是從"民族—國家"的黑暗中獲得救贖的靈感。只是梁啟超找到的救贖辦法更多地着眼於群體性的"民"，但五四啟蒙家們更多地着眼於個體性的"人"。而這種區別，只有在面對歷史及面對民族文化傳統時它才有力地表現出來，而在面對現實及面對國家主權和民族獨立的政治問題時，個體人的啟蒙意識顯得沒有力量，它在救亡的神聖要求之下根本不敢伸張個體的權利。易卜生那種"獨戰多數"的聲音也只有面對中國大家庭的"三綱五常"時才理直氣壯，而一旦面對現實，看到多數人在死亡線上的掙扎和民族的苦難，發出個人的聲音立即又感到內疚。創造社諸作家在五四時期大力提倡自我，主張為藝術而藝術，但很快就精神自殺，否定自我而投身於民族救亡運動，就是一個典型的例子。他們的轉變無可非議，但是這種轉變說明，五四新文化運動中覺醒的人的意識表面上與"民族─國家"意識勢不兩立,一些思想家與作家也宣佈它們勢不兩立,但在中國當時具體的歷史場合下,兩種意識根本難以構成真正的對抗,"人─個體"意識終究只能成為"民族─國家"意識下的附屬觀念,而不能成為一種強大的獨立的意識。

李澤厚先生在《啟蒙與救亡的雙重變奏》中事實上已描述了五四新文化運動"個體意識覺醒"的悲劇,關於這一悲劇,他在《告別革命》對話錄的續篇中進一步闡發,他說這一悲劇實際上經歷了"被制約─被壓倒─被消滅"的三部曲。也就是說,中國現代"人─個體"意識的覺醒一開始發生就受到"民族─國家"存亡的現實意識的制約,即使在"徹底反傳統"的時候也受到中國知識分子潛意識中"天下興亡,匹夫有責"的關懷國事民瘼的傳統所制約,並非"天賦人權"這種純然的個人主義。換句話說,人的個體意識一發生,就遇上自己本來就有的群體主義的意識與無意識的制約;這種制約即潛在的衝突,隨着民族危機的加深和社會環境的惡劣日益尖銳,到了一九一九年五四愛國學生運動爆發之後,"民族─國家"的政治意識便壓倒了人的個體意識。在一九一九年七八月間胡適與李大釗關於"問題與主義"的辯論中,李大釗所主張的用蘇聯革命的辦法"根本解決"中國問題的主張已佔上風。一九二〇年,剛發出打破國家偶像不久的陳獨秀在他的《談政治》(1920年9月1日《新青年》第八卷第一號)就完全改變文化啟蒙的思路,主張以革命的手段創立另一國家偶像。他說:"用革命的手段建設勞動階級(即生產階級)的國家,創造那禁止對內對外一切掠奪的政治法律,為現代社會第一需要。"這一文章標誌着,"五四新文化運動",作為突出個人的啟蒙性質的運動已發生根本變化,它又回歸到"民族—國家"的問題上來,只是它要建立的乃是一種以革命手段而獲得的勞動階級專政的國家。也就是說,在一九一九至一九二〇年之間,尋找"根本解決"中國問題的思潮即革命的思潮就又逐步壓倒改良的思想,"民族—國家"意識也已壓倒人的意識。人的意識在被民族國家意識壓倒之後,進而經歷了革命的高潮和另一種更為強大的意識——階級意識的覺醒,最後就完全被階級意識所消滅。

三 階級意識的覺醒與個體意識的消亡

中國近現代繼"民族—國家"意識、"人—個體"意識的覺醒之後,便是"階級意識"的覺醒,這是影響二十世紀中國最重要的覺醒。我所說的覺醒,不是指李大釗、陳獨秀這些少數的中國最早的一群馬克思主義者。這些馬克思主義者在一九二一年夏天中國共產黨成立時就把階級鬥爭學說作為旗幟。我指的是其他多數人,一九二〇年前後多數知識分子的階級意識並未覺醒。就以當時影響最大的作家魯迅來說,他們仍然信奉進化論。按照他自己的敘述,是直到一九二七到一九二八年之間,他的進化論思路才告轟毀,階級意識才成為他的主導意識。

如果以魯迅為典型,那麼,中國知識者階級意識的覺醒也是一個過程。以魯迅為代表的"五四"作家,他們在"五四"時期發現中國人乃是非人,把個體的人在群體中分解出來。而階級意識的覺醒,則是他們在人的意識覺醒之後又發現人可以進一步分解,即可把人分為壓迫者和被壓迫者。這一發現和分解,並不是從馬克思主義的書中發現的，而是從俄國的文學作品中明白的。魯迅在《祝中俄文字之交》中說："……我們豈不知道那時的大俄羅斯帝國也正在侵略中國，然而從文學裡明白了一件大事，是世界上有兩種人：壓迫者和被壓迫者！……從現在看來，這是誰都明白，但在那時，卻是一個大發現，正不亞於古人的發現了火可以照暗夜。"（此文收入《南腔北調集》）中國作家從俄國文學中發現人可以分解為壓迫者和被壓迫者，並且為這一發現而激動不已，簡直像古人發現火可以煮東西。但這種朦朧的、樸素的發現，到了二十年代後期和三十年代之後，即到了馬克思主義廣泛傳播之後，階級意識才作為一種自覺開始在中國文學界和社會層面上產生強烈影響。

階級意識的覺醒帶給中國思想以空前深刻的變動，這種變動不是本文可以言盡的。但與本篇相關的，我必須指出的是對人的重新定義。階級意識覺醒後的作家與人們，不再把人視為個體的存在物而是視為階級的存在物。相應的，文學不再被視為是普遍人性的存在物，而是被視為階級性存在物。二十年代和三十年代，左翼作家對梁實秋、杜衡的激烈批判，就意味着不容再把文學視為超階級意識的人性存在物了。梁實秋因懷疑文學的階級性而被視為"資本家的走狗"。在爭論中，魯迅說了一句很著名的話："生在有階級的社會裡而要做超階級的作家，……生在現在而要做給與將來的作品，這樣的人，實在也是一個心造的幻影，在現實世界上是沒有的。"（《南腔北調集·論"第三種人"》）魯迅這一思想與"五四"時期的啟蒙思想即把人作為個體的、獨立的人的觀念就完全不同，它強調的是人（作家）的階級性和時代性，而且完全排除個體性與獨立性。與此相應，魯迅和其他左翼作家也就規定了文學的基本屬性乃是階級性和時代性。這一觀念影響了爾後大約五十年的中國文學，對梁實秋"人性論"的批評也大約持續了五十年。其實，無論是文學文本還是作家主體都具有時代性與超越性的雙重品格，文學存在於歷史中，但又具有獨立自足的內涵。作家作為人，他們確實生活在複雜的階級權力關係中，又確實存在於一定的歷史時間與歷史場合中，發現和說明這一點，才不會把人膚淺地理解為生物性的人，也才不會落入空洞的、抽象的人道主義說教。但是，人又可以自我超越，文學創作就是作家主體對藝術的超越性把握，包括對超越時代的普遍人性的把握。也就是說，文學不僅有時代性的品格，還有永恒性的品格，從這一意義上說，梁實秋所說的也對。因此，今天我們完全可以把三十年代魯迅的觀念（階級論）和梁實秋的觀念（人性論）視為一對"二律背反"，即認為作家（人）與文學難以超越自己的歷史時代和一定的階級權力關係是對的，而認為作家與文學可以超越歷史時代與階級權力關係而自由想像和把握人性也是對的。作家的才華就在於對兩者"度"的把握。三十年代左翼作家對"人性論"的批判，其教訓在於他們完全忽視文學超越性與永恒性的一面，把階級性與時代性視為文學的唯一屬性，也視為人的唯一屬性。這種觀念後來又因為和政治革命結成聯盟而形成了思想霸權，結果便毀滅了人與文學的個性。如果說，在二十年代的"五四新文化運動"中，剛剛覺醒的"人—個體"意識只是受到"民族—國家"的族群意識的"制約"和"壓倒"的話，那麼，到三十年代，則幾乎被階級群體意識消滅了。

　　伴隨着階級意識的覺醒是階級鬥爭極端形式即暴力革命手段的

興起。早在一九二一年中國共產黨成立的前夕（六月七日），陳獨秀在〈告勞動〉的短文中就通告所有的勞動者明白兩條大義："第一條是階級的覺醒"，"第二條大義是革命手段"。所謂革命手段，就是"用革命手段去組織勞動階級的國家、政府、國會、省議會、縣議會去解決勞動自身的困苦"（原載《共產黨》第五號，署名：TS.。引自《陳獨秀文章選編》中冊，頁129—130，北京：三聯書店）。一九二一年，意識到這兩條"大義"的還是極少數人，到了三十年代，這兩條大義才被左翼作家和一大部分知識分子所接受。不但接受，而且把"革命手段"更明確為暴力的手段，而陳獨秀因為未能強調這一點而被視為"右傾機會主義"分子。

　　一九四九年通過暴力革命組織新國家的途徑獲得成功。此時，階級意識成為統治階級的意識。這時，階級意識不僅被用以界定"人"，而且用以界定"社會"和界定"國家"，社會中一切人與人的關係被視為階級關係，父子、兄弟、夫妻、師生、朋友等各種關係皆如此。而國家則按列寧的意見完全視為"階級概念"。列寧說："……國家是個階級概念。國家是一個階級對另一個階級施用暴力的機關或者機器。"（《布爾什維克能保持國家政權嗎？》，《列寧全集》中文本卷26，頁82—98）林彪根據列寧的國家學說，乾脆把政權說成是"鎮壓之權"。到了文化大革命，國家變成所謂"全面專政"的工具。全面專政，就是說，在政治、經濟領域上實行無產階級專政是片面的，只有在精神文化領域，也就是個體心靈領域也實行專政才是全面的。這樣，從上一世紀覺醒的"民族—國家"意識便被"階級—國家"意識所取代。國家意識與階級意識緊密結合後，便認定不僅建立新國家前需要革命暴力,而且建立新國家之後還需要革命暴力。此時,國家變成絕對權威和絕對偶像。這種權威發展到極端,便是國家對個體心靈的全面管理和全面專政,即不僅要求經濟國有化,而且要求個體心靈國有化。國家權力不僅控制政治經濟,而且控制個體心靈。所有的政治運動,包括"交心運動"、"鬥私批修"運動,都包含着心靈國有化的過程。這樣,五四新文化運動覺醒的"人—個體"意識便全面消亡,個人意志和個體自由也隨之滅絕。

這裡特別值得注意的是,因為個體意識被滅絕是訴諸國家的名義,所以知識分子就喪失反抗的道義理由。在"民族—國家"意識覺醒之後,中國知識分子在譴責和反抗民族侵略時非常勇敢,不惜犧牲,而在五四時也敢於提出打破國家偶像的口號,也敢於對國粹主義說,他們這種愛國者其實是愛亡國者。但是,在新的"階級—國家"面前卻無能為力,一點辦法也沒有。因為他們面對的是一個人類有史以來的最先進階級的意志載體,而且是被壓迫、被剝削階級意志的載體,反抗它,不僅不愛國,而且不道德。由於國家的掌權者使用全部輿論工具和教育工具說明這一點,便造成一種新的"階級—國家"神話,任何個體在這一神話面前都變得非常渺小。他們的一言一行,面對的不再是幾個掌權者,而是整個國家、整個革命的先進階級的名義和意志,任何對個體掌權者的批評,都會變成是對整個國家、整個革命觀念、整個先進階級的對抗。一九五七年說了幾句真話的"右派分子",最後大多數都低頭認罪,就是他們在被批判中才覺悟到他們的生命個體面對的乃是整個的"階級—國家"。

從上個世紀末到這個世紀末,中國經歷了"民族—國家"意識的覺醒、"人—個體"意識的覺醒和階級意識的覺醒，也經歷了個體意識的發生、衰落、滅絕的過程。這一過程提供給思想史研究以極為豐富的現實資料。

正是面對本世紀發生的歷史經驗，我和李澤厚先生才對一百年來在中國社會流行過、也曾被我們自身心靈接受過的基本思路進行反省，特別是對階級意識覺醒後而產生的階級鬥爭崇拜與暴力革命思路進行反省。關於這一反省的核心內容，我且作這樣簡要的表述：階級差別與階級矛盾，無論在時間軸上（過去、現在、將來）還是在空間軸上（無論是世界的東方還是西方、發達國家還是不發達國家）都是存在的。問題是如何去解決矛盾，以往的歷史經驗和中國一百年來的歷史經驗都證明，宏觀性的選擇只有兩種，一種是以階級鬥爭的辦法，特別是以階級鬥爭的極端形式即暴力革命的辦法來解決，一是以階級協調的辦法，即通過發展經濟、發展生產力和建構各種調節機制的改良辦法來解決。儘管兩種宏觀選擇都有其合理性，但是，前者付出的代價太大，造成的破壞和苦難太深重。因此，我們要對革命作一世紀性的思想告別，這一告別就是不再把革命視為聖物，不再把階級鬥爭的極端形式視為必然；百多年來，隨着"民族—國家"意識的覺醒和"人—個體"意識的覺醒，中國人作了兩個大夢，一個是國家的富強夢，一個是個人的自由夢。但最後為了實現國家的富強夢，還是付出了個人自由夢的巨大代價。這一點，大陸的知識分子的體會極為深刻。除了付出個人自由夢之外，中國人民在一個世紀中還經歷了深重的痛苦與災難，經歷了多次的內戰和其他民族國家難以理解的政治運動，付出個人生命的巨大犧牲。儘管付出了巨大的代價，中國直到本世紀七十年代末還是陷入巨大的貧窮，只是近十幾年來階級鬥爭緩和之後，才逐步強大起來。但要實現富強夢，還需要一段很長的路程。而且，隨着經濟的發展，政府與社會均被金錢所腐蝕而變質，社會上貧富兩極拉開距離，因此，一面是經濟數字的迅速增長，一面是不滿情緒的迅速增長，在這種情況下，中國下一世紀重複本世紀的道路，即再度革命的可能性是存在着的。革命不一定發生在最貧窮的時候，往往發生在經濟起飛、社會不滿情緒日益增強的時候。正是面對這種可能性，我們以"告別革命"為題，希望中國能放下這個世紀最沉重的包袱，即暴力革命的包袱，不要揹着這一包袱跨入新世紀之門。也希望中國下一個世紀在追求富強夢的時候，不要重複喪失自由夢的悲劇。在世紀之交，中國也許能從自己一百多年來的經驗教訓中找到自己的路。

寫於一九九六年十一月

（原載台北《歷史》月刊1997年3月號）

第五篇

胡繩近代史著批評提綱

——讀《從鴉片戰爭到五四運動》

一　革命道統與歷史定義

胡繩的《從鴉片戰爭到五四運動》，是產生於上世紀八十年代初的“中國近代史”研究專著，也是胡繩個人後期的代表作。此書一版再版，在國內產生廣泛影響，並成了闡釋中國近代歷史的權威性著作。我個人也多次閱讀，熟知書中的每一章節。此書思想清晰，文字非常明快，許多歷史細節，尤其是辛亥革命前前後後的錯綜複雜的歷史情節，更是展現得有條有理，可讀性很強。無論是對胡繩本人還是對他的這部名著，我都懷有敬意。

可惜的是，這部著作儘管表述嚴謹，但立論卻大可商榷，整個框架很可質疑。這一狀況，與胡繩在上世紀下半葉的許多論著發生的問題相似。例如《棄下論叢》，集子中無論是批判胡適、胡風還是批判“右派”的文章，可以說，其態度比同時期的其他批判者都平和，其語言也比同道者更講理，邏輯嚴謹且不盛氣凌人。要論文風，真是無懈可擊。可惜也是立論錯了，文章的框架站不住腳。把胡適、胡風先界定為“敵人”然後再作文章，就很難再有學術可言。這是當時的風氣，胡繩成為風氣中人，也可理解。但他批判費孝通時，把整個中國社會學這一學科界定為資產階級社會學，斷定二十世紀下半葉再講社會學便是“資產階級社會學的復辟”，這種立論恐怕只能說是“獨斷論”了。立論一錯，分析得再嚴密，也讓人難以信服。

《從鴉片戰爭到五四運動》一書也有這個問題。胡繩寫這本書的目的，顯然是說，一九四九年的革命是承繼過去的革命道統，只是，過去的道統不完善，到了一九四九年革命才贏得完善。從這一目的出發，他便給《從鴉片戰爭到五四運動》找到了核心論點，即中國近代史乃是三大革命的歷史——太平天國革命、義和團革命、辛亥革命的歷史。在胡著中,三大革命不僅是中國近代史的主要脈絡,而且是唯一脈絡。革命之外的洋務運動、改良運動不過是歷史的穿插,無非是為了維護封建反動政權。其推動中國走向現代文明的功勞不僅不予肯定,而且處處貶斥。如果歷史定義為"階級鬥爭,一些階級勝利了,一些階級消滅了,這就是歷史,這就是幾千年的文明史"(毛澤東語),那麼,胡繩這部史著的立論和框架,自然無可挑剔。但是,如果歷史定義為生產力和生產工具發展的歷史或定義為人類不斷走向文明的歷史,那麼,胡著就不是不可以讓人提出質疑了。筆者正是從"吾愛先人,但更愛真理"的態度,對胡繩的近代史著提出一些學術性的叩問。因為是提問,所以只用提綱形式。

二　刻意懸擱追求現代文明的基本線索

　　民國時期出版過幾部中國近代史研究著作:郭廷以的《中國近代史》;蔣廷黻、林同榮的同名著作。三著均收在"民國叢書"之中。郭著史料詳盡,蔣著比較簡略。但郭著只有上冊,未完成。此外,還有陳恭祿的《中國近代史》,也史料翔實,立論平正。呂思勉先生也有《中國近代史講義》等,可惜只在大學講授,未曾刊出。現出版了《呂著中國近代史》,才見其精華。郭、蔣兩家均以現代化或中外關係為近代史的基本線索,從外來的政治、經濟、文化影響視角,觀察和敘述中國近代社會的巨大變化。筆者認為,這是尊重歷史的史學眼光。因為中國的制度傳統與文化傳統,實在沒有什麼資源可以衍生出不同於"現代形態"的社會。雖然不同歷史傳統下的國家各自建構的現代社會具有不同之處，但在商業、貿易、市場和法律制度等技術層面則沒有質的區別。傳統資源的枯竭使得中國在與西方勢力接觸時招架不住而導致舊制度的迅速崩潰，舊制度的崩潰又產生恐慌，既有朝廷的恐慌，也有民眾的恐慌。但是，與西方的接觸卻產生另一面，這就是西方存在方式（包括政治方式、經濟方式、生活方式和思維方式）的進入，換句話說，是現代社會的制度因素和文化因素在中國得到傳播和生長。這種崩潰與生長、反抗與接受、恐慌與歡迎的交織與衝突，便構成中國近代史最重要的景觀。近代史書，能夠抓住這一景觀，以中外關係即現代化進程為框架，這起碼比較實在地把握中國近代史現象並能作出比較合符歷史真實的解釋。郭廷以、蔣廷黻、林同榮、陳恭祿、呂思勉等的史著，其優點就在於此。也可以說，近代史的研究在民國時期就已經有了比較好的開端。而胡繩的近代史著《從鴉片戰爭到五四運動》，則完全丟開中國近代史最基本、最重要的景觀，懸擱中國現代化第一歷程的基本事實。從這個意義上說，胡著是近代史描述的倒退。胡繩不知道有沒有讀過蔣廷黻和林同榮的著作，但肯定讀過郭廷以的著作（有引文可以為證）。既然讀過郭著，也知道前人關於現代化進程的解釋框架，卻又完全不予理睬，這就足以說明，胡繩對近代史的解釋，是一種人工剪裁、主觀鍛造的結果，或者說，是政治意識形態駕馭歷史研究的結果。由於用政治取代學術，這就注定無法呈現歷史真相。且不說整部著作的框架，就拿"五四新文化運動"這一小節來說，基於政治原因，竟然隻字不提新文化運動的主將胡適、周作人的名字，也不提蔡元培的名字。在五十年代前期全國性的討伐胡適的政治運動中，胡繩寫過最有代表性的批判胡適的文章，但是到了八十年代初仍然從政治上把握胡適，自然就把胡適剔除於新文化運動之外，可是胡適、周作人名字的缺席，新文化運動就喪失了以白話文取代文言文、以人文主義取代專制主義等基本內涵，這段歷史的真面目就模糊不清，至少是空洞空疏。胡繩當然不是不知道胡適、周作人在新文化運動中的特殊重要地位，但因迎合了強勢政治的需要（宣傳的需要），不得不放棄學者獨立的立場，連最起碼的歷史客觀事實都未能正視，這真是悲劇。史學研究，如果不能超越黨派政治，勢必造成這種閹割歷史的 "偏頗"。將學術變成政治的工具和附庸，或者反過來給黨派政治披上一件學術的外衣，胡繩的《從鴉片戰爭到五四運動》（下稱 "胡著近代史"）可說是個典型。

胡著近代史其實只想說明一個問題：只有暴力形式的國有化革命才能根本解決中國問題。當然，按照胡繩的思路，四九年革命如何解決中國問題是屬於下半頁，他寫的只是上半頁。太平天國革命、義和團革命、辛亥革命等 "三大革命高潮" 構成的上半頁，可歌可泣，胡繩對其禮讚，目的是為下半頁作鋪墊：新民主主義革命之前的革命，無論如何壯弱還是不能解決中國問題。

三 以反為正的框架和意識形態對史學的取代

筆者在這裡並不對國有化革命本身進行價值判斷，但相信，"革命崇拜"，把暴力革命視為歷史動力與歷史主脈，這是一個政治意識形態問題而不是史學問題。胡著近代史的立足點，正是將政治意識形態問題轉換成史學問題並融化到自己對近代史的解釋框架中。胡繩怎樣實現這種轉換呢？筆者以為有兩個關鍵點：

（1）胡繩把歷史看成一個封閉的過程，把帶有烏托邦性質的共產主義革命看作社會演變的最高階段也是最後階段。在這一階段中，中國人將發現解決中國所有難題的方案，或者說，中國數千年來所積累的社會問題將在這個制高點上得到完美解決，以後不會再有問題。胡繩的史學眼睛，就是把自己設想站在這個終點上觀看以往歷史的眼睛。其實，這個終點是虛擬的，說到底只是一種幻覺。正因為胡繩心中有了這個虛擬的歷史終點即“最後革命”的情結，因此，他便把中國近代史看作只是反帝反封建的封閉性歷史，認定此段歷史的主脈，只有三大革命，沒有現代文明的尋求與建構。本是雙線的歷史（暴力革命與文明建構），變成單線的歷史（只有暴力革命）。胡繩既然虛擬一個歷史終點，當然也就把其實是歷史長河中某一過程的共產主義革命看成是最後階段，這最後階段自然就成了黑格爾式的“絕對精神”，也成了胡繩觀看歷史的絕對參照系。

（2）以“反”為“正”。中國近代史涉及到秩序的重建，但胡繩將秩序的重建簡單地理解為正、反雙方你死我活的鬥爭。反方（革命造反派）代表歷史的主流，正方（當權派）代表歷史的逆流。所有的反方都是推動近代史發展的動力，所有的正方包括正方所有的順應現代文明潮流的改革，都只是在延長封建舊秩序。國有化革命是最後的一個反方，即第四次革命高潮，也是最徹底的高潮。胡著近代史這種“以反為正”的思路和框架，一方面與階級鬥爭觀點有關，但更重要的是他刻意將政治意識形態問題轉換成史學問題。也就是說，是政治意識形態化了的動機，推動他按照“三大革命思潮”的基本框架來解釋近代史。

四　“革命崇拜”下的兩個史學盲點

由於胡著近代史在歷史敘述中想證實“最後階段革命”的絕對性，因此便派生出他的兩個史學盲點，也可以稱作兩個史學誤區。我們不妨把它作為問題進行討論。

第一是“革命崇拜心態”造成的無視革命本身問題的盲點。《從鴉片戰爭到五四運動》顯然是在革命崇拜的心態下寫成的。凡是推翻固有秩序的東西，他都納入正面褒揚、熱烈謳歌的範圍；凡是維護既有秩序或改良既有秩序的都被歸入否定貶斥的對象。前者如太平天國革命和義和團革命，後者如洋務運動和戊戌維新運動。胡繩對反秩序的大規模的群眾性的暴力行動，顯然有一種過份的迷戀，甚至可說是過份的崇拜，而對維護秩序和改良秩序的一切行為則有一種非理性的排斥甚至痛恨。這種狂熱的革命心態，遮蔽了他對歷史真相的認知，也使他作出一些違背現代文明基本準則的歷史評價。例如他在描述第一次革命高潮即太平天國革命時，只關心與呈現太平軍早期全盛時掃蕩清朝的壯麗景觀，卻隻字不提太平軍對文化的摧殘，絲毫不涉及殺盡和尚、道士、儒生及拆毀廟宇等行徑。對於太平軍領袖洪秀全，只說他“順應潮流”的一面，完全不去分析他作為失意狂生的真實心理（即導致失敗的主觀原因）的一面。對於天京內亂的功過，也只用簡單的階級出身論，把石達開和韋昌輝混為一談。對於義和團的所謂革命高潮，其歷史敘述更是古怪。義和團的“……毀鐵路，拆電線，仇視外人，並及華人之習新事物者，後遂攻擊使館，並與各國同時開戰。”呂思勉史書如此概說，確實無疑。也正因為有此歷史事實，所以呂先生才斷言：“義和團者，代表中國極舊之思想者也。”（參見《呂著中國近代史》第257頁，華東師範大學出版社，1997年版）義和團的陳舊思想及種種落後愚昧行為，只要具有現代文明的基本常識，都會給予批評，更何況義和團的盲目排外行動造成八國聯軍入侵的藉口而導致民族性的災難。面對義和團這一現象，胡著只述其"勇"的一面，而不述其"妄"、"愚"、"暴"、"殘"的一面；只述其"反帝"的一面，不述其"一律排外"的一面；只述其"反洋槍砲"的一面，不述其"刀槍不入"的陳舊思想即反現代文明的一面。產生於十九、二十世紀之交的義和團心態，是典型的愚昧無知、妄動無序心態，胡繩之所以完全視而不見，完全沒有批判能力，就因為他的革命崇拜心態與義和團的盲目造反心態產生共鳴。至於在對辛亥革命的描述中，胡繩對改良派（康、梁）的"漸變"全盤否定，只承認"驟變"（暴力革命）的絕對神聖，也是大可商榷的。我們不否定辛亥革命的歷史合理性，但不能說，只有暴力革命才是歷史的必由之路，而維新、"立憲"就一定是條死路。

　　被胡繩視為異類的洋務運動是中國近代工商業的開端，也是中國接受和建構現代文明的序幕。如果不是只關心政治意識形態，而是真正關心歷史本身，至少應當解釋中國的近代工業為什麼一定要以"官辦"、"官商合辦"、"官督商辦"等方式作為第一步？這些方式又昭示中國社會有什麼樣的特殊問題？胡繩只看到洋務現象的表層，簡單武斷地說此一運動乃是"維護清朝反動統治"就草草了之。在胡繩的價值觀裡，建設現代工業無關緊要，不值一提，只有建立革命政權才是至關重要，才是歷史核心。總之，革命崇拜心態使胡繩的內心情結變成歷史偏見：造反等於善；維護、維新等於惡。戴着這一副革命有色眼鏡觀看歷史和書寫歷史，其敘述中的武斷，史鑒中的怪誕，以及常識的闕如，便成了題中的應有之義了。

第二盲點是對帝國主義在近代史中的角色理解問題。胡繩之盲是看不到帝國主義到中國的貿易和"殖民"，固然有侵略的一面，但又恰恰是瓦解中國舊制度強有力的因素。假如近代史真有所謂"反封建"的話，那麼，"帝國主義"正是"反封建"的先鋒之一。"帝國主義"所帶來的存在方式從根本上改變了"封建"的存在方式。但是，標榜以"反帝反封建"為主題的胡著卻對此視而不見。這是為什麼？我們只能認為他的"反帝反封建"是有特殊含義的。他關注的並不是帝國主義、封建主義的真實內容，而是帝國主義、封建主義的載體和象徵對象。所謂帝國主義，在胡繩書中是西方的商人、傳教士、政客、政府代表、工程師等；所謂封建主義，則是朝廷、官府。"反帝反封建"，就是要把上述這些對象趕走或消滅。胡繩的邏輯是歷史研究中很有趣的現象，近代史中只要涉及到驅逐西方上述人等，他就給予表揚，如義和團就得此榮幸。而"帝國主義"帶入中國土地的新事物新事理，如現代教育機構、現代醫院、現代工商業、現代管理方式以及傳教活動，他均一概不予理睬。這種簡單地把"帝國主義"看成近代史上的"反角"，只有情緒意義而無科學意義，即無史學意義。這反映了胡繩狹隘的民族主義心態。質言之，革命崇拜心態造成對革命運動負面的看不見，狹隘民族主義心態則造成對"帝國主義"客觀作用面的看不見，這便形成胡繩史著的明顯的盲區。

五　階級標籤與"造反有理"思路的演繹

除此之外，胡著近代史還有一種貫穿始末的令人不解的所謂"階級分析"方法。所有在中國近代史舞台上登場的角色都被貼上階級的標籤。洪秀全本是被儒生正統中排擠出來的"狂生",他被貼上"農民階級"標籤;康有為、梁啟超則是"軟弱的資產階級、小資產階級",而孫中山又是"民族資產階級",這種生硬的階級編排,當然不可能帶來對歷史現象的真切理解。以康、梁而言,他們本是激進求取功名的儒生,國難當頭,挺身而出,本人從未經商置產,家無資財,不知如何與資產階級搭上關係。相信"階級鬥爭一抓就靈"和相信"階級標籤一貼就深刻",是一種極端本質化、極端簡單化的想法與方法,不幸卻成了上世紀數十年的社會風氣和學術風氣。胡繩不幸完全成了"潮流中人"與"風氣中人"。說胡著近代史是部貼標籤之大成的作品,絕不冤枉作者。

　　胡繩在史學上出道較早,他的革命情結在《帝國主義與中國政治》就初步形成了,但還沒有後來那麼極端。到了《從鴉片戰爭到五四運動》,則把毛澤東的階級分析方法特別是把毛澤東的"造反有理"的思想貫徹到全書,以至成為全書的"絕對精神"。因此,整部近代史著,就變成毛澤東革命觀、歷史觀的具體轉達。這種政治話語壓倒歷史話語的演義,實際上不是近代史研究的進步,而是大倒退。奇怪的是對於這種"造反有理"和"造反就是歷史"的觀念和書籍,至今還沒有人提出質疑,連中國社科院的近代史研究者也無動於衷。

　　胡著近代史語言流暢,對歷史事件的講述娓娓動聽,可讀性很強。第一版問世時,作者打破長幼之別,親自通過郵局寄贈一套給筆者。正是出於敬重,筆者多次閱讀。今天不得不言,也是懷著敬重之情求索真理而已。當然,如果不是他對《告別革命》批評於先,我也不會把他的崇拜革命之作批評於此。有這次互動，並非壞事，至少可以推動大家對近代史進行一番思索。是胡繩三大革命高潮的描述接近真理，還是李澤厚和我的《告別革命》對近代史提供的新認識接近真理，可以討論。此文提出問題，是為了共同進入問題。筆者不希望看到問題之外的“帽子”和人身攻擊。我相信，對中國近代史有一個理性的、清明的認識，有益於中國未來之路的和諧與健康。

寫於一九九八年八月五日

附錄　重寫中國近代史的期待

——簡答胡繩先生

麥田出版公司即將出版《告別革命》台灣版，收入王德威教授主編的“麥田人文”叢書之中。李澤厚和我都為此感到十分高興。

一九九五年《告別革命》首次由香港天地圖書公司出版，一九九六年再版，一九九七年又發行增補本。香港這一彈丸之地，《告別革命》又是思想性著作，兩年內能三次印行，說明人們關心我們提出的問題。據天地圖書公司的朋友相告，許多大陸的讀者到香港時買了這本書，因此在國內便產生了影響。一九九六年六月六日，北京的《人民日報》發表了邢賁思的《堅持馬克思主義不動搖》，此文發表後，新華社全文轉發，全國各報轉載，包括晚報、商報。邢文對《告別革命》進行批判。他說：提出“要告別革命”，“目的在於取消主流意識形態即馬克思主義”。這篇文章發表後，“告別革命”觀念開始在大陸引起爭論。在邢文發表的同時，中國社會科學院科研局印發了一份供批判之用的長達二十九頁的材料，題為《李澤厚、劉再復的〈告別革命〉一書給哲學社會科學研究提出了一些什麼問題》。這份材料以“告別一切革命”、“革命破壞一切”、“關於中國共產黨”、“關於中國的社會生活”、“關於毛澤東的評價”、“關於馬克思主義”、“關於哲學”、“關於文化與藝術”、“關於中國近現代史”、“關於中國未來的道路”等十一個專題對《告別革命》一書進行隔裂性摘要。每一大標題之下又加了“只要有中國特色，不管社會性質”、“反對馬克思主義的指導地位、主張多元文化的和平共生”等批判性小標題。這份材料使大陸思想學術界了解了《告別革命》一書的片段。這之後，中國近代史研究所召開座談會批評我們提出的觀念，奇怪的是，主持會議的所長張海鵬不談學術，也不顧我們對美國文化的批評，卻說李澤厚和我因為在美國擔任講座教授、客座教授，自然要替美國的“和平演變”說話。同年十月，中國社會科學院院長胡繩對《告別革命》正式表態。他在《百年潮》創刊號上發表談話說：

　　我的一個比我年輕的老朋友和另一個也曾相識的朋友宣告說，要告別革命。其意似乎一是要否定歷史上的一切政治革命（大概工業革命不在被否定之列），這恐怕只能表明自己的狂妄，二是要表示不贊成以後再有革命。我想，一個人發誓再不同任何革命發生關係，這只好由他；但是如果此人竟以為革命將因為他的“告別”而不再發生，未免過於幼稚，至少與科學研究相去萬里……

　　胡繩在訪談中對以後為什麼還會發生革命作了這樣的解釋：

　　人類所面臨的許多巨大的矛盾（問題），例如世界性的環境保護等，都不是在資本主義的框框內所能解決的。資本主義雖然還會有發展，但它所固有的基本矛盾將始終不得解決。因此我認為，還得有社會主義革命。

　　胡繩此次談話由於中新社向海外報刊轉發，才引起我們的注意。仔細讀了胡繩的講話，李澤厚和我的共同感覺是：胡繩沒有通讀我們的書，大約只讀了書皮，頂多是讀了科研局的“摘要”，所以就武斷地說我們“否定歷史上的一切政治革命”。其實，我們一再說明，我們不是否定過去的一切革命，而是否定“革命神聖”、“革命必然”、“革命動力”、“革命唯一”等觀念，即把革命當作聖物、把改良當作毒物的觀念。歷史的發展，不能說只有革命才是唯一的動力，改良、妥協、讓步、發展生產力就不是動力。如果把暴力革命視為歷史前進的唯一的“必由之路”，那麼，歷史就只有一種悲慘的宿命：只有戰爭，只有流血，只有遍地橫屍，歷史才能前進一步。以往數十年，統治大陸史學界和思想界的就是這種“革命——歷史動力論”和“革命——歷史必然論”。包括胡繩的《從鴉片戰爭到五四運動》一書，也是革命動力論的具體演繹。

　　胡繩的《從鴉片戰爭到五四運動》，描述的是中國近代史。然而，在胡繩眼裡和筆下，中國近代的“正史”，只是太平天國革命、義和團革命和辛亥革命這“三大革命高潮”的歷史，只有這三大革命高潮才是中國近代的歷史動力和歷史實在，而洋務運動和戊戌維新運動乃是近代史中的“邪史”，它只是歷史的多餘物和死物。他認為：“洋務派是在封建地主階級日益成為帝國主義統治中國的一個支柱的歷史條件下的產物”，他們所辦的“洋務”只是“封建性的、買辦性的官辦軍事工業”和“官督商辦企業”，“對於中國資本主義的自由發展起了嚴重阻礙作用”。而改良主義的變法維新則“是一條走不通的死胡同”。

　　胡繩完全無視洋務運動在奠定中國近代工業基礎、衝擊傳統道理中心主義、傳播西方科學技術、打開中國人的眼界等方面的重大歷史作用，也完全無視戊戌維新運動在開創中國制度文化層面變革的先鋒作用，以及激發中國近代歷史發生裂變和推動中國自我更新的巨大歷史功勳，並且完全拒絕思考中國選擇改良道路的可能性。胡繩所闡釋的中國近代史，只是胡繩用毛澤東的歷史觀點，即暴力革命動力論進行講述的片面故事。在這一故事裡，義和團運動被膨脹得比戊戌運動更重要、更偉大，這顯然說不過去。我們因為覺得太過份而對此提出質疑，不能說沒有理由。胡繩這本書用最激進的觀念解釋中國近代史，簡單武斷的結論很多，值得商榷的問題比比皆是。但它在王震將軍為代表的官方高度讚賞下卻印行數百萬冊（包括簡寫本），流行二十年，至今仍然被大陸視為近代史的權威闡釋，沒有一個近代史研究者敢於正面對胡繩的歷史觀和他的這部代表作提出認真的批評和質疑。在這種情況下，李澤厚和我在《告別革命》中對胡繩提出溫和的批評，並反省一下大陸近代史研究著作中的革命傾斜，恐怕算不了什麼“狂妄”。倒是胡繩應當放下架子，謙卑地想想自己對中國近代史的獨斷性描述是否妥當？你筆下的絕對本質化的革命圖像是否符合歷史實際？

　　說到這裡，我想藉此機會表明一種期待：應當重寫中國近代史，應當重新闡釋中國百年史。把歷史視為階級鬥爭史的觀念應當改變，以階級鬥爭為綱的歷史視角，以及這一視角下所建構的近代史學框架應當有所檢討、有所修正、有所更新。諸如胡繩所表明的那種歷史觀念，不能認為是“理所當然”，現在應當對以往那些“理所當然”的看法重新審視。中國一百多年的近代史，是極為豐富複雜的活生生的歷史，其中包括本世紀內戰不斷、殘殺不斷的慘痛歷史教訓，這段歷史不是"革命與反革命兩極對壘"、"一邊英雄一邊劊子手"這種簡單描述方式可解釋得了的。幾十年過去了，中國的狀況和人們的眼光發生了如此巨大的變化，而近代史書還老是停留在毛澤東思想的版本，連鄧小平理論的版本都出不來，更不用說具有史家獨立主體性的版本，這種情況難道不應改一改，變一變嗎？

如果胡繩不僅僅只是讀書皮，那麼，還應當注意到，我們並沒有說過，以後不再會有革命。我們可沒有開過這種"保票"。對於"以後"，我們一再說，仍然會有兩種可能性：暴力革命的可能性與和平改革的可能性。但是，我們主張應當告別那種暴力革命乃是歷史必由之路即唯一可能的固執觀念，而努力去爭取和平改革的可能性。矛盾無處不在，階級衝突到處都有，但通過階級協調的辦法解決矛盾比通過階級鬥爭，特別是階級鬥爭的激化形式（暴力革命）的辦法好。大陸過去幾十年不斷折騰的經驗告訴我們：不要迷信革命，也不要迷信社會主義革命，六七十年代，迷信社會主義革命的結果是把千百萬人掃進牛棚，是知識分子像牲口似地在豬圈裡呻吟。巨大的傷口尚在，死亡的深淵之影依然常在人們的額角閃動，胡繩怎麼又義憤填膺地鼓動繼續革命？二十世紀下半葉中國的歷史經驗教訓很多，但最重要的恐怕是在應當停止革命、從事建設的時候卻仍然繼續革命，即繼續帶着戰爭時代那股敢死隊的情緒繼續往前衝殺，大規模地虛設各類敵人，給自己的國家樹立龐大的敵對系統即所謂"革命對象"。這種思路是到了變革的時候了！

一個歷史學家，不能老是停留在“黨立論，我寫作”的模式上，而應當以史學主體的身份獨立地面對歷史教訓，並去尋求更符合實際、符合人性和符合人類最高利益的思考。倘若不是這樣，倘若還堅持革命拜物教的老觀念，就會變得非常荒謬。就以胡繩例舉的“環境保護”問題來說吧，就大可不必動刀動槍，大可不必呼喚革命。儘管垃圾會毒化空氣，工業廢料會危害江河，現代科技會污染湖光山色，但完全可以通過改良、協商、法治等辦法解決。而胡繩卻認為“環境保護”不是在資本主義框架內可以解決的，非革命不可，那豈不是說，解決垃圾廢料也得大動干戈，流血一場？像胡繩這種連解決“環境保護”問題也需要“社會主義革命”的主張，實在是一種革命狂熱，或者說，是一種距離科學態度十萬八千里的激進“打倒”情緒。對此，我們不得不向胡繩說：在你老先生身上，革命崇拜的流毒實在太深了。這正好說明，我們“告別革命”是很有必要的。應當坦率地說，我們絕不會為了“環境保護”去充當社會主義革命的戰士和烈士，讓人間大地環境帶上更多的血腥味。

除了胡繩、邢賁思等國內論者的譴責之外，《告別革命》還遭到海外論者的批判，他們說告別革命是為了“討好政府”，為了“想當官”。可是，也有朋友說：你們兩邊不討好。聽了這話，我回答說，他們兩邊異曲同工，從不同立場和角度都認為暴力革命是好東西，當然都不高興。還回答說：不討好任何人，正是思想者的本性。既不迎合當權者，也不附和反對派，只面對真理說話，這應當是思想者最高的心靈原則。不討好並不意味着“狂妄”，無論是當權者還是反對派，誰說出真理，我們都會感到高興，無論哪一方作出有道理的批評，我們都願意聽取。我們只是不喜歡政治帽子和情緒化的語言。

　　不贊成我們的觀念，這沒關係，重要的是認真、心平氣和地討論。掌握權力不等於掌握真理，胡繩可別忘了這一點。像胡繩、邢賁思這些親身經歷過文化大革命這種思想摧殘、政治劫難的人，應當知道創造平等討論問題的人文環境是何等重要。可是，《告別革命》卻在大陸遭到禁止，我的文章至今無法在大陸報刊上發表。共產黨是個執政黨，說要 "告別革命" ，是說不要用暴力革命的方式造反，為什麼連這點意思也害怕？神經如此脆弱，禁錮如此嚴密，這不值得反省一下嗎？胡繩批評我們的時候憤憤不平，但對政府的禁錮，為什麼就那麼心平氣和、不置一詞？

　　藉着《告別革命》在台灣出版的機會，我對胡繩的批評先作個簡單的答覆，這之後，我將會對《從鴉片戰爭到五四運動》一書作出更加學術化的批評。

（原載《明報月刊》1998年第5期）

第六篇

關於個人主義與新文學的思考

——與李澤厚的兩篇對話

一　個人主義在中國的浮沉

劉再復（下稱劉）：我們在中國具體的語境中講主體性，自然更多地強調個體主體性，這就不能不涉及個人，涉及到在中國非常敏感的、遭到批判幾十年的個人主義，也涉及到"五四"所張揚的個人主義問題。我讀了批判主體論的文章，許多文章也是指責講主體性就是個人主義，我們不妨討論一下這個問題。

李澤厚（下稱李）：個人主義這個概念來自西方。中國古代有沒有西方那種個人主義，這個問題值得研究。我認為在中國的傳統裡，是缺少個人主義的。法家、墨家都反對個人主義所指涉的那些內涵。道家有些中國式的個人主義，這是逃避現實、藏匿自我的個人主義，而不是參與社會的個人主義。儒家講積極參與現實，有點個人進取的意思，但不能算是個人主義，儒家關於人的觀念倒和馬克思主義關於人是"社會關係的總和"比較接近。

劉：道家式的個人主義，不是西方式的個人主義。道家與其説是個人主義，還不如説是享樂主義更確切一些。它是一種享受自然與追求個人情趣的享樂主義。儒家所設計的人與社會中，個人就很微弱了。"五四"所以會把矛頭指向儒家，就因為儒家觀念對個人的發展確實起了遏制、束縛，甚至摧殘的作用。"五四"的啟蒙，很重要的一點，是啟個人之蒙，啟個體主體性之蒙。而導致中國人在個人權利、個人尊嚴、個人生命價值處於蒙昧狀態，儒家要負很大的責任。

李：有一種意見認為，近代、"五四"，壓根兒就沒有啟蒙，以為中國傳統早已有西方式的個人主義，這不符合事實。不用説"五四"，就是"五四"之前，康有為的《大同書》裡所講的個人自由，也不同於傳統，他的觀念受近代西方的影響很明顯。

劉：康有為的“求樂免苦”觀念，就是西方個人主義“幸福論”，梁啟超的“知有愛他的利己”，就是西方“合理的利己主義”，這與儒家的“克己”、“毋意，毋必，毋固，毋我”以及“存天理，滅人慾”大不相同。一個生活在“克己”、“毋我”的世界裡，聽到“合理的利己主義”之聲，自然是啟蒙之聲。“五四”運動就更明顯了。“五四”運動的啟蒙作用最突出的一點就是要告訴人們：個人是獨立的存在，獨立的自我最有力量。在原來中國的傳統觀念裡，並沒有這種觀念，在傳統觀念裡恰恰相反，個人是不獨立的，它屬於君，屬於筆，屬於父，屬於丈夫，個人依附、附屬在群體關係中。“五四”運動中的啟蒙者的一大功績是把個人從群體關係中分離出來，像自然科學家那樣，把一種關鍵性的元素發現出來和分離出來，使人們猛省。二十世紀中國思想界的變化、紛爭，都從這個“分離”而衍生出來的。

李：康有為《大同書》最重要的一章就是〈去家界為天民〉，但他當時不敢公開提倡，譚嗣同也說過，五倫中只可以保留朋友這一“倫”。但直到“五四”才強烈地成為一個發現個人、突出個人的運動。邏輯與歷史、思想與現實有一段時間差。

劉：梁啟超在《新民說》的〈論自尊〉中，介紹日本啟蒙家福澤諭吉的學說，發揮福澤諭吉“獨立自尊”的思想，把“自尊之道”歸結為“自愛”、“自治”、“自立”、“自牧”和“自任”五件事，這自然包含着個人主義的內涵。但是，梁啟超的思想非常矛盾複雜，他通過日本啟蒙思想家而接受的西方人文觀念，既有福澤諭吉的“英吉利之功利主義"（邊沁和穆勒），又有江兆民的"法蘭西派之自由主義"（盧梭），又有加藤弘之的"德意志國家主義"（伯倫知理）。他認為世界主義屬於理想，國家主義屬於事實；世界主義，屬於將來，國家主義，屬於現在。而中國危機深重、岌岌可危，最重要的是現在。因此，他講的"新民"，他所要求的"新民"的獨立自尊，還是着眼於國家，即新國家所要求的"新民"，新國家所要求的"自尊"，也就是説，這是群體強大所必需的"自尊"，是以國家為本位的"自尊"。而五四運動所講的獨立自尊，則完全是以個體為本位的自尊，它完全從國家中分離出來，甚至完全從"國民"總群體中分離出來，所以才能接受易卜生的寧願充當"國民公敵"的觀念。也就是説，在梁啟超的觀念中，"自立"、"自尊"還是手段，還是"新民—新社會—新國家"的手段，而到了"五四"，"自立"、"自尊"便成了目的本身。這一點，胡適發表在《新青年》中的〈美國的婦人〉一文就用很明確的語言這樣説："美國的婦女大概以'自立'為目的。'自立'的意義只是發展個人的才性。""五四"運動所提倡的個人主義、個性主義，是以自身的人格獨立、人格尊嚴為前提，不以國家為前提，為目的，這是"五四"文化思潮和近代的改良思潮根本不同之處。

李："五四"突出個人，把個人經濟上、人格上的獨立，個性、個人尊嚴的充分發展作為新社會的先決條件，它並不以國家為先決條件。所以"五四"時期的個人主義都包含着反國家的內容。"五四"的個人主義有一重要特點是和無政府主義思潮結合，這就是因為它反國家。當時的無政府主義思潮很盛，不僅直接提倡，而且新文化運動的倡導者們本身大都是這思潮的贊成者或參與者。但個人主義是一個非常複雜的問題。我比較贊成海耶克在《真假個人主義》這篇文章中的許多看法，即區分英國的洛克、休姆、亞當斯密、柏克與法國的盧梭和百科全書派等，後者強調天賦人權、原子式的個體、理想的社會等等，後來發展為孔德以及聖西門的社會主義。中國的個人主義提倡者們常常倡導的是盧梭一派。直到今天，好些年輕人仍然如此。他們不知道所謂原子式的絕對獨立、自由、平等的個體，正好是走向集體主義、集權主義的通道。這二者是一個錢幣的正反面。我們不是有親身經驗嗎？一九四九年後的“新社會”可以“六親不認”，連朋友這種私人的社會關係都沒有了，大家都是同一組織“單位”中的“平等”的一員，即所謂“同志”。但你獲得那個體的自由、平等、獨立了嗎？沒有。當時並沒有弄清這個問題，結果以反對舊國家、舊政權始，以擁護新國家新政權終。

劉：那時的新文學倡導者和實踐者多數都強烈地反對國家，周作人當時就聲明，新文學是人類的，也是個人的，但不是種族的、國家的（《新文學的要求》）。郭沫若、郁達夫都認為國家與文學藝術勢不兩立，直到一九二三年郁達夫還發表《國家與藝術》一文，説明國家乃是文學之敵。“五四”時代，是思想混雜的雜體時代，是各種思想、各種主義形成共生結構的時代，但不管什麼主義，不管是人道主義、社會主義、無政府主義，都把個人的獨立自主作為一種前提條件，連周建人在講《達爾文主義》時也説：“個人主義也便是社會主義的要素。”（《新青年》第八卷第五期）

李：中國近現代常常是西方發展的某種縮影。本世紀初及二十年代，中國確實有一段以盧梭式和尼采式的個人主義為主題的啟蒙時期，但時間很短，很快就走入了以集體主義為最強音的革命、戰爭的年代。我在康德那本書裡曾講過從法國的個人主義到德國的集體主義（黑格爾）即總體主義，在中國僅幾年之間就完成了。"五四"以後馬克思主義很快就奪取了西方其他各種思潮的地位，而且是列寧主義的馬克思主義。所以即使法國那種個人主義也沒有得到充分發展。這使得我們不得不重新提出"個體主體性"問題。但我強調要區分這兩派（英國派與法國派）。在一九七八年我發表的講嚴復的文章，就非常含蓄地點出了這一點。我始終認為這一點非常重要，而且愈來愈重要。

劉："五四"新文化運動雖然很熱鬧地張揚個性、個人主義，但也正如你所說的，只不過是解決個人主義的前提，即經濟上的獨立與人格上的獨立。當時《新青年》出專號介紹易卜生主義，然後就翻譯《傀儡家庭》，之後便是討論娜拉。這一件事是整個"五四"新文化運動的象徵性事件。娜拉的"出走"——走出只能充當傀儡的家庭，是一種行為，她以這種行為語言表明，她要贏得獨立的人格。魯迅所講的走出黑暗的鐵屋子，與此相通。當時第一要緊的是出走，是告別鐵屋子，是個體從沒有人的尊嚴的以家族為本位的群體結構中分離出來，以贏得人格的獨立，即贏得個人充分發展的前提。僅僅為了這一點，"五四"的文化先行者們就費了全部氣力，但是，他們很快就發現，在中國特殊的人文環境中解決這一前提並不那麼容易。魯迅提出問題：娜拉走後怎麼辦？這是當時時代性的問題。她自己不會賺錢，經濟上不能獨立，社會沒有個性發展的土壤，個性怎麼生長？娜拉的個人意識是覺醒了，夢是醒了，但夢醒之後卻無路可走。魯迅認為，這才是最深的悲劇。魯迅的小說就寫這種悲劇，他的《傷逝》裡的子君就是中國的娜拉，她出走之後一點辦法也沒有。倘若經濟不獨立，出走以後只有兩條出路：一條是轉回來，回到老世界的原點上；一條就在鐵屋子外孤獨徬徨最後憂鬱而死。你很喜歡魯迅的《孤獨者》，那個魏連殳，還有《在酒樓上》的那個呂緯甫本是先覺者、“出走”者，最後還不是躬行自己先前所憎惡，所反對的一切，回到原來的點上。

李：我很喜歡《孤獨者》，它確實具有很深的悲劇內涵。

劉：易卜生說最孤獨的人是最有力量的人，但在中國，我們卻看不到這種最有力量的人，相反，我們看到中國的孤獨者也是最沒有力量的人，魏連殳就沒有力量。

李：易卜生所生活的挪威，那時資本主義已經發展，中產階級已經形成，個人主義已經具有生長的土壤，娜拉走後恐怕是可以找到工作，可以獨立。西方的個人主義英雄，都有他們生長發展的社會條件，中國缺少這種條件，包括“五四”運動之後，這種條件也沒有形成。沒有經濟的獨立，哪來的人格的獨立？所以我說經濟是本，對社會如此，對個人恐怕也如此。沒有這個本，個體就難以強大。所以自由首先是經濟上的自由，包括私有財產，自由貿易等等，也就是市場經濟吧，這也就是我說的“西體”。我這個“西體中用”，遭到各方面的批判，我至今堅持。

劉：缺少獨立的經濟前提，這是一種天生不足。這種天生不足，使中國現代文學創造的個人主義英雄，個性都不夠強大。所以無法出現拉伯雷筆下的那種巨人形象，也無法出現唐吉訶德、哈姆雷特、浮士德、唐璜、恰爾德‧哈洛爾德、于連、約翰‧克利斯朵夫這樣的形象，在這些形象中，天理全存在於他們永遠難以滿足的個人慾望中，為了實現個人的目的，他們不顧一切地獨戰社會，反對世俗觀念。中國這個世紀的新文學中沒有這種強大的個性，頂多是丁玲筆下的莎菲女士和柔石筆下的陶嵐這種我行我素的膚淺個人主義者。

李：你是中國新文學史專家，我缺乏這方面的研究，所以只能談別的。對新文學我只有一些感受。例如我從小就討厭郭沫若的文學創作。我很欣賞郭的一些（也只一些）歷史著作，但包括他的名作《女神》、《屈原》，我都不喜歡。他那"天狗"要吞沒一切，要吞沒太陽，吞沒月亮我就覺得太空洞了，並不感到如何有力量。魯迅卻使人感到有力量。這當然可能是我的偏見，我從來不大喜歡那種過份誇張、熱情得要死要活的浪漫主義，這是個人的審美趣味問題。

劉：郭沫若開始是極端自我化，他藉用泛神論的觀念，把自我誇大成神、成擺佈一切吞食一切的天狗，之後，又否定個人化的自我，而把自我從泛神轉向泛社會，以社會和階級的大我吞沒一切，包括吞沒自己原有的個性。這恰恰暴露了郭沫若對個人主義觀點沒有一種理性的真知，因此要麼把個人無限膨脹，要麼把個人無限縮小。但無論是膨脹還是縮小都不是強大。

李：我一直認為，中國近現代到今天許多高喊個人主義的人，並不了解什麼是個人主義，大多數只是某種反傳統反權威反既定秩序的情緒宣洩。這種宣洩在當時有它的某種積極意義，但今天仍然停留在這種水平上，便太可悲了。所以我前面特別提出〈真假個人主義〉這篇文章。

劉：郁達夫的個人主義是郭沫若那種自我膨脹的另一極端，他是自我萎縮、自我虐待的個人主義。他的代表作《沉淪》也寫慾望，但他不是像《浮士德》、《紅與黑》、《約翰·克利斯朵夫》的主角那樣，讓慾望向前推進，無情地接近自己的目標，而是麻醉自己的慾望、摧殘自己的慾望，最後完全扼殺自己的慾望。〈遲桂花〉也是如此，一有慾望，哪怕這慾望很自然很美，也立即給予扼殺。郁達夫的個人主義，可以説是一種很可憐的個人主義。

李：你從文學作品講解，很有意思。其實可以作一些系統的研究，從"五四"一直到抗戰後期路翎的《財主的兒女們》，可以看看中國知識分子的個人主義的種種情況、出路、來龍去脈。路翎的這個作品把這個問題凸顯出來了。"五四"之後，剛剛在中國萌生的個人主義確實很可憐，沒有出路。周氏兄弟可説後來各自找到了"出路"：魯迅把個性終於納入革命，先謀社會的"解放"。走這條路的人很多，郭沫若也是這條路，但魯迅的好處是並沒有完全泯滅自己的個性，而郭沫若則完全否定個性，最自覺自願地變成了政治工具，而且是馴服工具。另一條是周作人的路，他本想以個人反抗社會、反抗國家，但發覺社會、國家的強大和個人的無力，因此，很快找到與社會隔絕的小小園地，自己在這園地裡遊戲，娛樂，談龍説虎，品茶聊天，實際是麻醉自己，自欺欺人。近幾年好些人把周作人捧得很高，我很反感。我很不喜歡這種假隱士式的可憐的"個人主義"（如果還可以叫"個人主義"的話）。這與浮士德精神、唐吉訶德精神、哈姆雷特精神哪能相比。比較起來，我更喜歡魯迅。當然，不能把魯迅神化或聖化。

劉：魯迅的關懷社會、積極進取精神倒是與唐吉訶德精神、浮士德精神相通。可惜他死後一直被當作傀儡，特別是六十年代之後，完全成了歷史的傀儡，在殘暴的政治遊戲中被支解、被扭曲、被神化也被魔化。周作人的個人主義，雖然是逃避式的個人主義，但畢竟有建設性，他在他自己心造的園地裡，畢竟天天在耕耘，在種植，在給人間提供新的知識和新的領悟。這種逃避式的個人主義，在一定的歷史時間中，也有反抗意義。

李：這種所謂"個人主義"，在某種歷史情境下，可以起解放作用。在專制政治非常嚴酷的情況下，反社會的性格有它的反抗意義，包括古代的陶淵明。但周作人的個人主義結果卻以做日本人的偽官告終，這不是太荒謬了嗎？如今一些人不顧這一歷史事實，我總覺得不舒服。周作人的文章就真的那麼好那麼不可即嗎？我懷疑。周作人的個人主義脫離了關懷當時現實存在的他人狀況，恰恰是那種原子式的個人主義，假個人主義。也就是說，那種絕對孤立的原子式的個人是不存在的。在社會上存在的每一個人都是與他人共生共在，因此，真正的個人主義，不僅尊重自我這一個體，也尊重社會的其他個體。雖然在理論上我不贊成沙特，但沙特那種個人主義與他選擇抵抗運動相關，值得尊重，比周作人強多了。

劉：健康的個人主義除了意識到個人獨立人格的重要，還意識到人類的存在是相關的，絕對的個人是不存在的。意識到這種相關性，就是不僅意識到個人的權利，也會意識到個人的責任，於是，在自我實現、自我發展的同時，也具有自我抑制、自我反省的力量。"五四"時期的文化改革者也認識到這一點，胡適說自我也要"擔干係"的意思也就是責任的意思，他在《不朽》一文中就說，"我這個現在

的 '小我' 對於那永遠不朽的 '大我' 的無窮過去，須負重大的責任，對於那永遠不朽的 '大我' 的無窮未來，也須負重大的責任。"（《新青年》第六卷第二期）但是，很不幸，"五四"之後的中國，特別是當代的中國，經常泛濫的是只要權利、不要責任的破壞性個人主義。

李：現在比較盛行的是"老子天下第一"，唯我掌握真理，以為個人主義就是反社會、反理性、反現存的一切，把個人主義等同於毫無責任感的反社會的破壞性人格。市場經濟發展之後，個人慾望還會繼續膨脹，有個人慾望不是不好，但個人的慾望要尊重他人的慾望，健全的個人主義還應當包括自我抑制的一面。

劉：現在在學術文化領域中最流行的"解構"，解構一切，解構人，解構意義，解構歷史。這種解構，對僵死的政治意識形態，確實起了消解作用。在文學領域中，以往那一套歷史決定論的觀念、歷史必然性的觀念、階級鬥爭的觀念根深柢固，無論對社會的發展和對文化的發展都很有害，對它解構一下，確實起了變革的作用。

李：但是解構之後怎麼辦？這個問題應當提出來。解構之後總得有所建構吧？不能僅僅剩下一個沒有任何意義的"自我"、"當下"吧？文學是最自由的領域，它可以走極端，往解構方面走，但是在倫理學以及整個社會建設，就不能只講解構，不講建構。如果把一切意義都解構了，把人類生存的普遍性原則都解構了，那社會還怎麼生存發展？所以我不願意趕時髦，例如全盤否定"本質主義"。一切均碎片，無本質可言；當下即真實，歷史、哲學均虛幻，這種種解構時髦，我懷疑。我寧肯被嘲笑為"過時"、"落後"、"保守"、"形而上”等等。

劉：正常的社會、正常的國家，一方面要尊重個人的權利，盡可能讓個人的潛力得到充分的發展，同時也要建立必要的公共權威和公共意識。片面的個人主義，只講個人意識不講公共意識，就使這種個人主義只帶破壞性不帶建設性。我覺得美國社會有一種巨大的資本，就是公民意識，或者說是公民感。美國是世界上唯一完全建立在充分調動個人潛力而獲得成功的國家，自由度確實很高，而它所以還能維持下去，就是靠這種公民意識。這種公民意識就是對公共權威的尊重，即對法律和各種規則的尊重。

李：美國好些人的個人主義還對上帝負責，對公認的法律原則負責，我們的個人主義對誰負責？美國人開車，見到紅燈一般都停下，即使當時街上空無一人，也得等綠燈，這就是對公共權威的尊重，就是公民責任感。個人主義不能越過這一條。

劉：個人主義並不就是闖紅燈的主義，並不是蔑視一切、橫掃一切的主義。美國社會問題那麼多，但社會生活又是有條有序，人們在口頭上總是懸掛着“對不起”，“謝謝”，這種簡單的但又是維繫人際關係的日常語言，包含着對人類相關性的承認，包含着對他者的尊重。美國的總統也得承認公共的權威，也得遵守各種法律，報刊、民間監督系統可以隨時批評他的違法行為，這種批評，憑藉的就是公共權威和公民意識。這種公民意識的前提就是尊重個人，但又是尊重他人和自己共同確認的權威。這既對自己負責，也對別人負責。

（選自《告別革命》第3輯）

二　中國現代諸作家評論

劉：有一位採訪者詢問芝加哥大學教授、曾獲得諾貝爾獎的作家貝婁，如果在悲劇與喜劇之間讓你選擇一個，你喜歡何者？他回答説，如果一定要我選擇一個，我選擇喜劇，因為它更具有活力、智慧和男子氣概。他説，二十世紀從二十年代到五十年代的文學，一直洋溢着哀婉的語調，就像艾略特的《荒原》和喬伊斯的《一位年輕藝術家的畫像》一樣。整個時代感受着這樣的哀傷，他不喜歡這種哀傷，太過份了。現在，我想和你討論這個問題，想了解一下如果同樣這個問題對您提出，您將作何選擇。

李：我的回答正好和他相反，我將選擇哀傷，選擇悲劇。我很喜歡古典悲劇，我不喜歡那種遊戲人生的作品。對人生採取一種嘲弄、純粹玩笑、撕毀一切價值觀念的態度，我始終不能接受，這與我的人生觀極不調和。當然，我不喜歡的不一定不好，這與藝術趣味、審美需求，與個人的人生背景不同相關。我的背景和我的人生觀使我喜歡比較嚴肅的、哀傷的作品。看了悲劇，會使人活得更堅定，我還是想看那些讀後能獲得力量的作品。我喜歡魯迅，也是因為這一點，讀了他的作品，能更嚴肅地對待人生，能獲得力量。玩世不恭的作品，我很難接受。

劉：你一直主張藝術多元，我相信你會尊重各種藝術門類，但你的審美趣味我能理解。人的生存本身是一件極不容易的事，無論如何應當嚴肅地對待人生。但我現在也很喜歡喜劇，特別是帶有一點歷史內涵的喜劇。人生在經受大痛苦之後，往往會超越痛苦，然後對痛苦進行一種調侃和智慧的對話，這裡也含有深刻的東西，與着意玩世不恭的東西不同。

李：現在玩世不恭的時髦——所謂痞子文學，可以暫時的滿足心靈虛空，也能撕毀一些假面具，但藝術境界不高，我不太喜歡。王朔的小說畢竟出生在中國的現實土壤上，應該說有其真實意義的一面。我最討厭的倒是毫無中國根基的、時髦的文學理論及批評，在理論上宣傳玩世不恭等等，自鳴得意，亦步亦趨地抄西方，實在是令人倒胃口。

劉：所謂痞子文學是對過去畸形的崇高文學的反抗。過去強制文學塑造高大的英雄，以致最後達到高大全，現在有許多作品則描寫肉體上的侏儒和精神上的侏儒。最近我讀了幾部小說，就是描寫侏儒的，例如，劉心武的《風過耳》，就是刻畫了幾個道德淪喪得完全沒有人樣的精神矮人。而莫言的《酒國》竟塑造了一個身高只有五十七厘米的名叫"余一尺"的酒店總經理，是個在經濟大浪潮中的暴發戶，擁有億萬金錢的新時代的英雄，但他卻是一個侏儒。而王朔的小說寫的許多痞子，實際上也是精神上的侏儒。當代文學，從英雄王國走進侏儒王國，是一個巨大的變化，這是從武松王國變成武大郎王國的變化，你應當注意一下這種現象。但是，我發現，劉心武、莫言的喜劇裡還是帶有很強的悲劇性。而王朔的小說，還看不出這一點。但聽劉心武說，他最近的一部小說，也隱含着悲劇的因素，可惜我還沒有看到。

李：我尊重他們的嘗試，包括王朔。但我不隱瞞自己的審美趣味，我更喜歡悲劇。我這個人總感覺生活很艱難很吃力，既缺乏過剩的閒情逸致，也無法自欺欺人，我就從沒有像某些人那樣，宣稱以做學問為"玩"的那種"精神"和雅興。我讀悲劇是覺得它能給人一點支持生存的力量，如此而已。就以魯迅來說，我也只喜歡他的散文詩《野草》和一部分小說，例如《孤獨者》、《在酒樓上》等等，年輕時讀了很受震撼。《朝花夕拾》也寫得好，也很喜歡。《肥皂》、《離婚》之類就不行。他的雜文也有不可否認的文學價值，很厲害。我不喜歡他的《故事新編》，我覺得《故事新編》基本上是失敗的。

劉：《故事新編》中的《鑄劍》寫得很好，你不喜歡麼？

李：《鑄劍》是《故事新編》中寫得最好的，可說是唯一成功的。寫作年代也較早，與其他各篇不同。我喜歡，以前也說過，並記得在文章中也提到過。

劉：你真是不喜歡喜劇，《故事新編》的喜劇性很強。魯迅的《野草》極好，在二十世紀的中國散文中，它確實是座奇峰，至今無人可比。這恐怕是因為它具有一種中國現代散文家所缺少的形而上氛圍。現代散文一般都是寫實的，缺乏形而上氛圍，這使《野草》帶有更豐富的象徵意蘊和哲學意蘊。還有，它的意象也很特別，許多“病葉”似的意象，類似波特萊爾的《惡之華》，這也是其他散文家筆下所無。魯迅寫實一點的散文《朝花夕拾》也寫得極好。魯迅的小說，不是每一篇都好，除了《肥皂》、《離婚》之外，像《鴨的喜劇》就很一般。你特別不喜歡《肥皂》，也可能與你不喜歡喜劇有關。

李：我不喜歡滑稽戲，包括不喜歡相聲，總之，這也許與我的性格有關，並不包含我的價值判斷，只是個人的審美愛好罷了。

劉：滑稽戲、相聲也比較淺。你就喜歡深刻的東西。但是，有些文學作品並不太深刻，但很和諧，很有情韻，很有幽默感，也是好作品。比如汪曾祺的小說，不能說很深刻，但和諧有味，也是成功之作。

李：我不否認你的見解，但留給我印象最深的還是深刻的作品。魯迅的《孤獨者》之所以震撼我，就是因為深刻，比《傷逝》深刻。

劉：你不喜歡周作人，可能也與此有關。

李：是的，我不喜歡周作人，特別對現在有些研究者把周作人捧得那麼高很反感。魯迅那麼多作品讓我留下那麼深刻的印象，周作人則沒有一篇。

劉：現在重提周作人是因為過去幾乎把他遺忘了。過去從政治着眼，也抹掉他在新文化運動中的功勞，這是不應該的。他在"五四"文化運動中功勞不小，散文創作也確有豐富的實績，這不應抹煞，一抹煞就會反彈，一反彈就會評價過高。他在抗戰時期的人格污點是抹不掉的。如不說這些，就他的創作文本來說，他也不如魯迅深刻，和魯迅相比，他的思想顯得平和，但確實不深刻，確實沒有動人的魯迅式的思想光芒，更沒有魯迅的始終關懷社會、擁抱人間疾苦的人格精神。魯迅真是個天才。但周作人很會寫文章，他的散文寫得很從容，很沖淡，很自然，也很有知識，應當承認，在中國現代散文史上，他是突出的有實績的散文大家。

李：你的批評是站在文學史寫作的學院式立場，我則側重於個人審美愛好。

劉：從個人的審美愛好，我也更喜歡魯迅，只是不太喜歡他個人那種一個也不寬恕的性格。但對他的整個人格，我非常喜歡，在中國的現代作家中，沒有一個人像他那樣：最愛中國也最恨中國，而且最了解中國。中國太黑暗，專制太甚，常是"苛政猛於虎"，因此，老百姓也太苦。這種國度最需要魯迅人格，和周作人相比，魯迅的人格寶貴得太多了。

李：中國太需要魯迅這種精神性格。可惜中國聰明人和聰明的作家太多，像魯迅這種作家太少。當然，我不是指魯迅的個人脾氣。可惜魯迅被庸人和政客捧壞了。魯迅被抬得那麼高，是在解放後，解放前只有一部分人崇敬他，但不是解放後的捧法。

劉：解放後他被當成歷史的傀儡，被利用得很慘。活人可以當傀儡，死人也可當傀儡。人的命運真是無可逃躲，進了墳墓還要被利用，被當作工具、器具、玩具、面具。把魯迅人為地抬高，把魯迅作為一個作家一時的激憤之辭上升為普遍性的政治原則和道德原則，就會造成災難性的後果。

李：真是無可逃躲。不過，可以不去管它。"身後是非誰管得，滿村爭唱蔡中郎"，記不準了。

劉：你的愛好偏重於悲劇、深邃，這樣，你對老舍可能就不喜歡了。

李：不錯。我一直不喜歡老舍。甚至連他的最著名的《駱駝祥子》我都不喜歡。看了這部作品，使人心灰意懶。我記得是十幾歲時讀的，和魯迅一比，高下立見。

劉：這是我第一次聽到對老舍和《駱駝祥子》的很特殊的評價。不過，你應當注意老舍有些作品非常完美，比如《月牙兒》，無論從哪個角度看，都相當完善。還有，老舍的京味語言確實是很地道的，而且很有歷史感，比如《茶館》，就是很成功的作品。

李：我不否認他的某些成功的作品，《茶館》的前半部相當成功，後面就不行了。但從總體上我不太喜歡。也許因為老舍的文風有點油滑。我很早注意到胡風對老舍的批評，胡風一點也不喜歡老舍。我讀魯迅，總是得到力量，讀老舍，效果正相反。也許我這個人不行，總需要有力量補充自己。

劉：我能理解你的這種審美趣味和評價尺度，所以我能猜中你一定也不喜歡郭沫若和創造社諸子。

李：在中國現代作家中，我一直不喜歡兩個人，一是剛剛說過的周作人，還有一個就是郭沫若。一個太消極，一個太積極。我從來就討厭郭沫若和創造社，我從不喜歡大喊大叫的風格，創造社的作品的喊叫既粗魯又空洞。

劉：但郭沫若在"五四"時期所作的《女神》、《瓶》都是好詩。

李：《女神》的喊叫與那個時代的吶喊之聲還和諧，但我還是不喜歡。我對郭的某些（也只是某些）歷史著作，如《青銅時代》中的一些文章以及某些甲骨考證很喜歡，可以看出他的確很聰明。

劉：郭沫若在《瓶》之後的《恢復》，就喊叫得很粗糙，很空洞。文學一味希望成為時代的號筒，確實會造成很大的問題。不過，我們也不能一概否認大喊大叫的詩歌。比如惠特曼的詩，也是大喊大叫，聞一多的某些詩，也是大喊大叫，但他們的詩有內在情韻，有詩的內在規律的制約。中國現代新詩，到了聞一多就比較成熟了。

李：我不喜歡大喊大叫的作家和作品，但並不等於我就非常喜歡完全不喊不叫的作品。例如周作人，他倒不叫喚，很安靜地喝酒品茶，但我也很不喜歡。

劉：胡適也不喊叫，在"五四"時代，胡適和周作人還算比較溫和，但我讀了你的《陳獨秀、胡適、魯迅》一文，才知道你認為胡適不深刻。

李：是的。不過胡適有開風氣之先的重要功勞，周作人也有功勞，但不及胡。胡適除了白話文之外，在摸索現代詩形式、開創新的哲學史等方面，功不可沒，但思想很膚淺，甚至極淺。他在分析中國落後的原因時說是五鬼鬧中華，這種看法就很好笑。魯迅比他深刻多了。胡適有價值的東西是他那種西方自由主義的作風，比較寬容論敵、主張漸進改良、重視平等待人，等等，這在政治上、意識形態上和為人做事的態度上，我以為至今仍有價值，中國八十年缺少的還是這個。

劉：那麼，你喜歡冰心嗎？冰心的傑出之處恐怕不在於深刻。

李：中國的現代作家，我小時候最喜歡魯迅和冰心。這仍然是少年時代的感受，因為以後就幾乎沒有再讀冰心了。她的《繁星》、《春水》、《寄小讀者》，我小時候都喜歡。可惜我從未和她見過面，不是沒有機會，我這個人就是懶於交往，性格弱點，沒有辦法。

劉：我也很喜歡冰心。我在為福建的一本散文選集作序時曾說過，我小時候有兩個母親，一個是我生身的慈愛的母親，還有一個給我以精神乳汁的母親，這就是冰心。我第一本真正讀破的散文集是《寄小讀者》，前頭十幾頁全讀碎了。我想，冰心的作品不在於深刻，而在於她用一種美好的、符合人類善良天性的文字來溫暖和塑造少年兒童的心靈。我總是不能接受暴力和一切殘忍的行為，總是拒絕階級鬥爭的理論，如果尋找原因，甚至可能與愛讀冰心的作品有關。

李：是的，冰心的作品使人善良，使人和殘暴、邪惡劃清界限，這就足夠了。在冰心的單純裡，恰恰關聯着埋藏在人類心靈深處的最重要、最不可缺少的東西，在這個非常限定的意義上，她也是深刻的。

劉：如果人類失去純真的愛、關懷，如果總是以痞子的口吻嘲弄這些看起來簡單，但卻是人類存在最重要的根據時，這個世界將會是何等可怕和悲慘?!其悲慘絕不亞於戰爭與災荒。

李：中國人的心靈裡，包括整個民族心靈和每個個體的心靈，經過數十年階級鬥爭的洗禮，現在缺乏的正是冰心的這種單純。

劉：你喜歡魯迅，又喜歡冰心，一個非常激烈，一個非常溫和，兩者能統一起來嗎？

李：我並不喜歡魯迅那些太劇烈的東西，那些東西相當尖刻，例如罵梅蘭芳為梅毒，男人愛看是因為扮女人，女人愛看是因為男子扮，的確尖刻，但失公允，這只是一例而已。雖然讀起來很過癮，可是沒有久遠意義。魯迅那些超越啟蒙救亡的思想文字倒是有其長久意義，其人生感悟，是深刻的。魯迅和冰心對人生都有一種真誠的關切，只是關切的形態不同。

劉：茅盾的《冰心論》完全否定冰心的作品，很奇怪。茅盾當時以馬克思主義的政治意識形態作為寫作的前提，也要求別人這樣做，這太獨斷了。

李：茅盾的《子夜》正是政治意識形態的形象表述，它想在書中表達對當時中國社會最新的認識和回答中國社會的出路，然而，認識一壓倒情感，文學性就削弱了。奇怪，文學界為什麼把這部書捧得那麼高。茅盾不滿意冰心，正是不滿意冰心沒有改造中國社會的革命意識，只關注超越意識形態的"普遍"心靈。可是，如果人類心靈沒有美好的積澱，能有美好的未來嗎？老實說，要看茅盾的作品還不如看他的《霜葉紅於二月花》、《蝕》。我以為《動搖》就比《子夜》好，當然這可能是我的偏見。《子夜》有一些片段很好，但整體不行。

劉：把政治意識形態，甚至把一時的政策作為敘述前提，是革命文學的通病，這種通病發展到丁玲的《太陽照在桑乾河上》，就更極端化了，政治意識具體化為清算意識，鼓動仇恨。文學到了這個地步，離開文學的本性就很遠了。

李：這是非常古怪的現象——作家竟然呼喚人們進行無窮盡的互相殘殺。這當然是直接為當時的革命、鬥爭服務。於是非常複雜的社會現象和人性現象，被簡化為兩種階級符號式的人物的決一死戰。思想簡單，藝術粗糙。《暴風驟雨》儘管粗糙，還有片段的真實感，而《太陽照在桑乾河上》卻連片段的真實感也沒有。但在當時也許可以起革命的作用。不過毛澤東本人卻從不讀這些作品，他也看不起它們。作家們真有點上當了，很可笑。五十年代之後，我們整天還在叫喊階級鬥爭，說百分之八九十的地方“變色了”，於是這類作品便仍然被抬上天。

劉：《太陽照在桑乾河上》只是毛澤東土改政策的文學轉述。但毛澤東本人偏偏從不讀這類作品，看不起它們，這真是政治式寫作的悲劇。很奇怪，政權堅固得像鐵桶一樣，還是心驚膽戰，老覺得敵人很強大。意識形態非常脆弱，老是神經兮兮的，以為江山立即要變色，結果人為地製造那麼多階級鬥爭，對那麼多不該實行專政的人實行專政。而作家也神經兮兮的，人為地膨脹階級鬥爭，把文學作為階級鬥爭教科書和土改冊子。

李：非常可笑。而寫作文學史的人跟着糊裡糊塗的吹捧，完全是浪費。

劉：中國現代文學在“五四”新文化運動中開始發生，使用的是新的語言、新的形式，時間不長，總的來説，還只是經歷了一個發生和實驗的時期，發育還不很健全、健壯，不應當無休止地謳歌，應當正視其幼稚病和許多失敗現象。那麼，對於最近十幾年的創作，你一直有好感，也給予相當高的評價，現在你還堅持原來的看法嗎？

李：還堅持。我覺得八十年代的文學很有生氣，很有成就。但我也和你説過，當代作家都比較浮躁，急於成功，少有面壁十年，潛心構製，不問風雨如何，只管耕耘不息的精神和氣概。

（選自《告別革命》第4輯）

後記

　　去年春季，我到城市大學"客座"時，香港三聯總編輯陳翠玲和拙著《紅樓四書》責任編輯舒非二兄，談到我發表於《信報》的文章《五四新文化批評提綱》（後又在劉文華兄的支持下發表於國內的《書屋》），便鼓勵我把此文擴展成書。夏季我返回美國後，未忘此事，果然又對"五四"進行一些閱讀和思考。恰在此時，到美國約翰·霍普金斯大學歷史系進行學術訪問的姜異新博士，受北京魯迅博物館的委託，採訪了我，並提出七個有關"五四"啟蒙的很有思想的問題，這又推動我想下去和編撰出這一集子。

　　從寫作《魯迅與自然科學》、《魯迅美學思想論稿》、《魯迅傳》開始，我一直沒有停止過對"五四"新文化尤其是新文學的思考，也不斷和朋友進行學術性對話。其中給我最大支持和幫助的是李澤厚先生與李歐梵先生。編輯此一集子時，已經封筆的澤厚兄又和我作了一次"五四"主題的認真交談，並以極其鮮明的態度和毫不含糊的語言再次對"五四"新文化運動作了高度評價。談話中言簡意賅的深邃思想，勝過許多高頭講章，但願國內的讀者能夠讀到。歐梵兄和我作過多次對話，其中蘊含着他對文學的許多精闢見解。一九九六年我們的對話"中國現代文學運動的陷阱"，已收入拙著《放逐諸神》中，此次關於"五四""病理學啟蒙的省思"，與前者是姐妹篇，我一直珍藏着，現在用於新世紀的"五四"思想論集，覺得仍有新意。

　　今年是"五四"運動九十周年了。此次文化變革的先驅者和受其影響的第一代人幾乎都不在人世了。我是受"五四"新文化的澤溉並把它化作靈魂一部分的後來者，此時有幸把自己的文字敬獻給這一場偉大的文化更新運動，實在要感謝所有推動我思想的朋友，尤其是香港三聯書店做實事的朋友們。

劉再復
二〇〇九年三月十五日